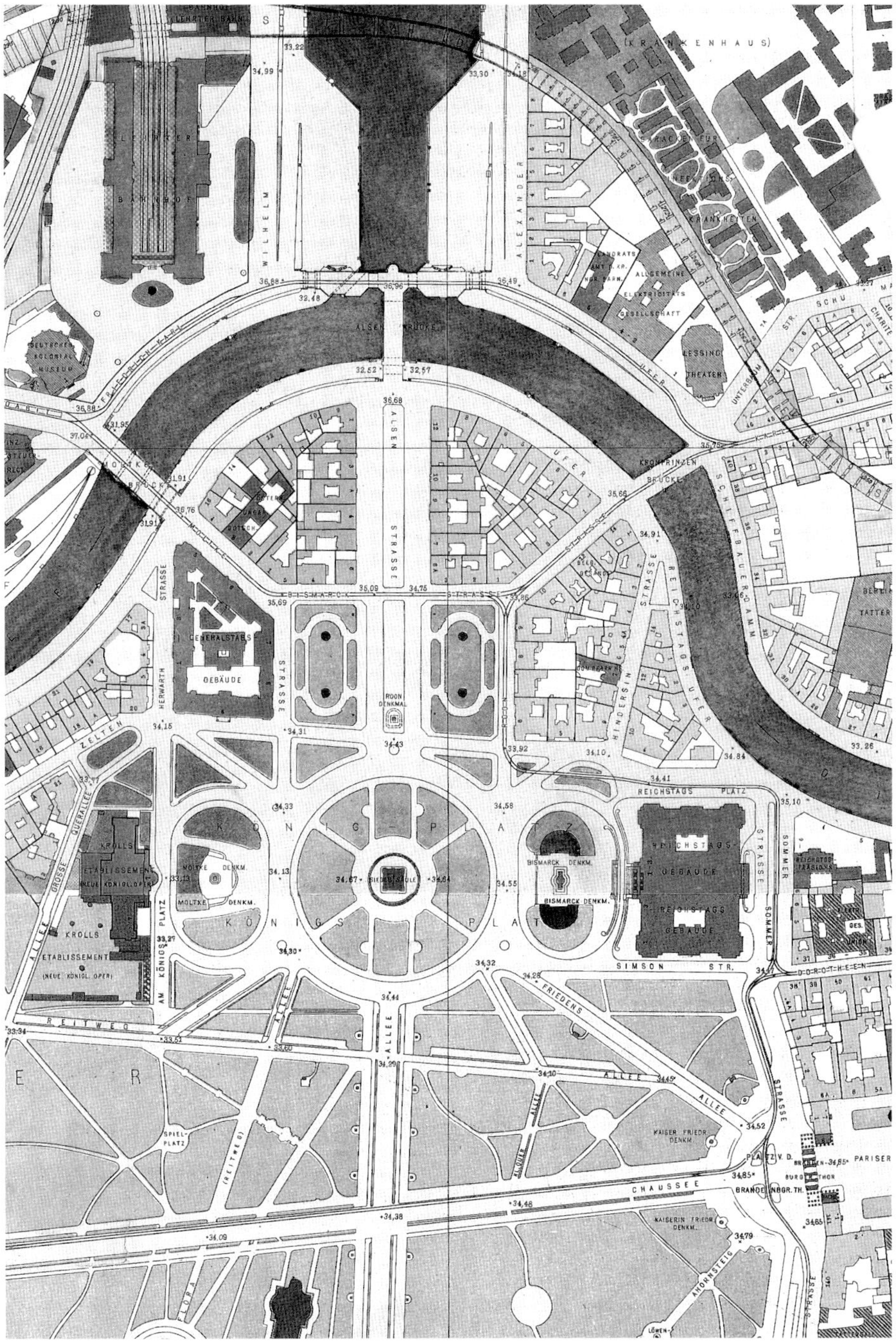

Reichstag und Umgebung auf einem Straube-Plan von 1906/7

Michael S. Cullen / Uwe Kieling · Der Deutsche Reichstag

Argon

Michael S. Cullen / Uwe Kieling

Der Deutsche Reichstag

Geschichte eines Parlaments

Argon

Potsdamer Straße 77-87
W-1000 Berlin 30

Printed in Germany

Satz: Mercator Druckerei GmbH Berlin
Lithographie: Graphische Werkstätten Berlin GmbH
Druck: Druckhaus Cramer, Greven
Bindung: Großbuchbinderei Klemme, Bielefeld

Umschlaggestaltung: Jürgen Freter

ISBN 3-87024-178-0

Inhalt

Der Reichstag im Einweihungsjahr 1894,
französischer Holzstich

Der Reichstag - Zeichen historischer Kontinuität?

Einführung

Am 20. Juni 1991 stimmte der Deutsche Bundestag mit knapper Mehrheit für Berlin als Sitz des Bundestages und der Regierung der Bundesrepublik Deutschland: Binnen vier Jahren soll der Beschluß durch Regierung und Berliner Senat umgesetzt werden.

Fast ein Jahr lang tobte zuvor ein innerdeutscher, überparteilicher Streit über Artikel 2 des am 31. August 1990 in Kraft getretenen Einigungsvertrages, wonach Berlin zwar Hauptstadt sei, allerdings »die Frage des Sitzes von Parlament und Regierung ... nach der Herstellung der Einheit Deutschlands entschieden« wird. Nur wenigen war aufgefallen, daß keine Hauptstadt ohne Funktionen existieren kann. Willy Brandt warnte daher vor einem Etikettenschwindel, bei dem Berlin den Namen und Bonn den Inhalt erhielte.

Die letzten Wochen der Diskussion brachten Klarheit über die Unerläßlichkeit des Parlamentssitzes für die Erfüllung des Hauptstadtauftrags. Bonns eifrigster Befürworter, der nordrhein-westfälische Minister ohne Geschäftsbereich Wolfgang Clement, erklärte, daß sich Bonn von fast allem zu trennen bereit sei, nur nicht vom Bundestag. Wo das Parlament seinen Sitz hat, dort liegt das Hauptgewicht des politischen Geschehens, aber auch der realen Investitionen.

Kern der Bemühungen in Berlin ist die Wiederverwendung des Reichstages als Parlamentslokal - je schneller dieses Gebäude in den Stand gesetzt ist, Sitzungen nicht nur des Plenums, sondern auch der wichtigsten Ausschüsse zu gewährleisten, desto schneller ist der Bundestag hier voll handlungsfähig; nur dann macht es Sinn, daß andere Institutionen und Bundesorgane dem Bundestag nach Berlin folgen.

Dennoch würde man einem Irrtum erliegen, glaubte man, es handele sich nur um das nach Entwürfen von Paul Wallot zwischen 1884 und 1894 errichtete Reichstagsgebäude - das Haus ist nur als Teil des neuen Parlamentsstandortes im Gespräch. Dennoch ist es das »Pfund, mit dem wir wuchern«, wie Senator Volker Hassemer es ausdrückte. Das Haus ist ein Zeichen von Kontinuität und steht kaum genutzt mitten in der wiedervereinigten Stadt, sein östlicher Eingang ist nur 700 Meter vom Bahnhof Friedrichstraße, sein südlicher Eingang nur 220 Meter vom Brandenburger Tor entfernt.

Der Reichstag ist nicht immer so hoch geschätzt gewesen; es gab Zeiten, in denen sogar ein Fluch über dem Haus zu liegen schien. Denn das Reichstagsgebäude sollte außer Arbeitsstätte zugleich auch Denkmal, Monument und Symbol sein; nicht selten haben diese Ansprüche sich gegenseitig und der Gesetzgebungsarbeit im Wege gestanden; nicht selten aber machte das Verhalten der Parlamentarier selbst die beste »Imagepflege« zunichte.

Was also symbolisiert oder symbolisierte der Reichstag? Für wen? Und zu welcher Zeit?

Tatsächlich war es ausdrückliche Aufgabe des Reichstagsgebäudes, »monumental« zu sein, »monumental« zu wirken. Es galt, in Sandstein und Granit ein Denkmal für das Ergebnis der blutigen Einigungskriege 1864, 1866 und 1870/71 zu errichten, in dem die Reichsgesetzgebung stattfinden konnte. Nichtsdestoweniger gab es auch Mahnende, wie den überaus praktisch veranlagten Leopold Freiherr v. Hoverbeck, der in einer der ersten Debatten zur Reichstagsbaufrage sagte: »Die erste Frage ist die, ob die parlamentarischen Zwecke sich erreichen lassen. Wenn das in einem verhältnismäßig einfachen Gebäude geschieht, dann ist es mir viel lieber, wenn die späteren Jahrhunderte sagen: Seht, in diesen schlichten, aber zweckmäßigen Räumen faßte man diese großen Beschlüsse! - als wenn man umgekehrt sagt: Mein Gott, das Gebäude sieht herrlich aus, aber die Beschlüsse sind etwas kleiner ausgefallen«. (206) Wie das Reichstagsgebäude zeigt, sind seine Worte wenig beachtet worden.

Als das monumentale Gebäude 1894 eingeweiht wurde, gab es nicht nur Zustimmung; während ein Mitarbeiter von Paul Wallot in ihm ein deutliches Zeichen für das wiedererstarkte Deutschland erblickte und befand, das Haus habe »eine kraftvolle, herbe Männlichkeit, gepaart mit vornehmem Ernst und würdevoller Größe« , sah ein Wiener Architekturkritiker darin »eine völlig verunglückte Schöpfung«.

Der Reichstag im Herbst 1991:
Touristische Attraktion und zukünftiges Parlamentshaus

Mag die Architektur des Reichstages, womit zumeist die Fassaden gemeint waren, zu Kontroversen geführt haben, das Gebäude war durchaus zweckdienlich. Wenn der Reichstag dennoch nicht immer den Respekt erntete, nach dem er trachtete, lag es nicht an Räumlichkeiten oder Äußerlichkeiten, sondern an der Substanz der Gesetzgebung, am öffentlichen Ruf der Parlamentarier. Sie »repräsentierten« nicht im Sinne von »Stellvertretern«, sondern mit einem gewissen Imponiergehabe. »Die Wähler beurteilen ein Parlament nach der Kraft der Debatten, nach der Klarheit der Argumente, nach der Transparenz der Gesetzgebungsprozesse, nach der Nachvollziehbarkeit der Beschlüsse... Transparenz ist ein Ergebnis von Logik und Sprache«. (207, S. 1885)

Das vorliegende Buch will über den Wandel in der Betrachtungsweise des Reichstagsgebäudes Auskunft geben und darstellen, wie die Architektur dazu beitrug, daß das Haus und seine Institution einerseits bewundert, andererseits verteufelt wurden.

Das Buch will darüberhinaus auch Grundlage sein für die kommenden Diskussionen über den Ausbau des Platzes der Republik mit dem Reichstagsgebäude als Parlamentsviertel – eine gewaltige Aufgabe, die der Bundestagsbeschluß vom 20. Juni 1991 gestellt hat. Wir haben die Hoffnung, daß aus früheren Fehlern gelernt wird.

Auch wenn 1894 die »Architektur« des Reichstagsgebäudes nicht allen gefiel, für die Mitglieder des deutschen Parlaments war die innere Organisation durchaus einleuchtend und leicht bedien- und nutzbar. Der Besucher betrat das Haus von der Südseite, passierte die im Erdgeschoß gelegene Garderobe, stieg eine Treppe hinauf bis zum Verteiler, um dort zu entscheiden, wohin er gehen wollte: Foyer des Plenarsaals, Restaurant, Bundesrat?

Vom Foyer gelangte er logischerweise in den Plenarsaal. Alle anderen Benutzer, Journalisten, Mitarbeiter, etc. hatten ihre eigenen Aufgänge, ebenso der Kaiser und die Mitglieder des Bundesrats. Nur: das Haus hatte zu wenig Räume für die eigentliche Arbeit, das war kein Fehler des Architekten, sondern des vom Parlament aufgestellten Raumprogramms.

Beim ersten Wettbewerb 1872 war ein Raumprogramm ausgegeben worden, das andere Prioritäten verrät, als man heute setzen würde. Als erstes nannte die Reichstagsbaukommission eine Reichstagspräsidentenwohnung, der Plenarsaal kam an zweiter Stelle. Als für den zweiten Wettbewerb 1882 ein neues Raumprogramm aufgestellt wurde, lagen die Erfahrungen von zehn Tagungsjahren im provisorischen Reichstagsgebäude in der ehemaligen Königlichen Porzellanmanufaktur vor. Nicht nur, daß der Plenarsaal im Programm an erster Stelle stand, die Präsidentenwohnung war gänzlich entfallen. Da der Reichstag mehr als 23 Jahre lang nicht in einem speziell für ihn geschaffenen Bauwerk verhandelte, konnte der Wallot-Bau nicht nachträglich die Bedeutung dieser legislativen Körperschaft heben. Bedeutung oder Lächerlichkeit erzielte das Parlament bereits lange zuvor durch sein Betragen, durch die Debatten, durch den politischen Inhalt. Journalisten wie Hermann Robolsky, Albert Traeger und August Stein konzentrierten ihre Aufmerksamkeit auf Persönlichkeiten wie Bismarck, Windthorst, Lasker, Benningsen, August Reichensperger und nicht auf die Ledersessel und Kandelaber; ihre Berichte handelten von der Gesetzgebungsprozedur, von der Handhabung oder gar Manipulation der Geschäftsordnung, von Debatten und Beschlüssen über Sozialisten, die Flotte, die Kolonien, den Pensions-Fond und andere

Angelegenheiten. Vieles fanden sie lobenswert, anderes war – menschlich bedingt – schwach, lächerlich und manchmal skandalös.

Es gab immer Grund, an der Würde des Reichstages zu zweifeln, z. B. als er über die Entfernung von Fremdwörtern aus der deutschen Sprache in den zähen Auseinandersetzungen zwischen dem Reich und seinen »Reichsländern« Elsaß und Lothringen debattierte.

Noch heute, fast 100 Jahre nach der Einweihung des Reichstagsgebäudes am 5. Dezember 1894, gibt es Stimmen, die behaupten, Bismarck, Kaiser Wilhelm I. oder Kaiser Wilhelm II. hätten das Reichstagsgebäude weit weg von der Machtzentrale in der Wilhelmstraße errichtet sehen wollen. Diese Behauptungen sind aber durch nichts zu belegen. Tatsache ist, daß das Reichstagsgebäude nicht sehr weit von der Wilhelmstraße – ca. 250 Meter – gelegen ist und die Standortwahl ganz anderen Prämissen zu folgen hatte. Wie wenig dem Kaiser aber am Parlament lag, wird auch daran deutlich, daß Wilhelm II. das Haus nur zweimal betreten hat, zur Einweihung und bei einem Schwächeanfall seines Kanzlers v. Bülow 1906.

Die Hauptfassade
mit vollendetem Bildschmuck und fehlender Inschrift, April 1896

Während der Wettbewerbe gab es tiefsinnige und ausführliche Beratungen, kein Wettbewerb auf deutschem Boden ist vor- oder nachher derart detailliert protokolliert worden, wie die zwei Wettbewerbe 1872 und 1882. Denn die Aufgabe, ein Parlamentsgebäude zu bauen, war eine äußerst seltene. Am ersten Wettbewerb beteiligten sich 102 Architekten oder Architektenbüros, beim zweiten 1882 gar 189.

Die Architekten waren bemüht, nicht nur dem Raumprogramm zu entsprechen, sondern dem Gebäude ein möglichst markantes Aussehen zu geben; daher auch die vielen Kuppeln, Zeichen von Dominanz. Und sie versuchten auch, für diese gigantische Aufgabe einen wirkungsvollen Stil zu entwickeln, das, was Tilmann Buddensieg »synthetischen Reichsstil« nannte.

Ein neuer Stil wurde mit dem Wallot-Bau nicht begründet, und als das Haus 1894 eingeweiht wurde, hatte die Italienische Hoch-Renaissance – bei Wallot mit Barock kombiniert – als Vorlage weitgehend ausgedient. Das Haus war stilistisch und architekturhistorisch eine Sackgasse, Wallot war noch zu Lebzeiten ein fast vergessener Baumeister.

Doch war der Grundriß vorzüglich, mit dem geräumigen Plenarsaal, der aus Rücksicht auf eine logische Raumfolge nicht im Achsenschnittpunkt lag, mit vielen Besprechungsräumen, mit einer lichtdurchfluteten Bibliothek, mit bequemen Lese- und Arbeitssälen, mit vielen hellen Räumen für Post, Stenographen und andere Dienstleistungen. Im Reichstagsgebäude von 1894 befand sich Europas modernste Küche, Berlins drittgrößte Bibliothek und eine Rohrpoststation.

Im Jahre 1907 stellte man fest, daß das Gebäude zu klein war. Grund dafür war eine veränderte Regelung: Unter Bismarck und auch lange danach gab es für die Abgeordneten im Gegensatz zum preußischen Abgeordnetenhaus keine Diäten. Als aber Diäten eingeführt wurden, nahm die Teilnahme an den Sitzungen so zu, daß man auf Abhilfe sann. Immerhin dauerte es noch sechs Jahre, bis im obersten Geschoß mehr als 100 kleine Räume für Parlamentarier eingerichtete waren.

Nach dem Ersten Weltkrieg sollte weiter ausgebaut werden, diesmal im Spreebogen. Der Wettbewerb 1927 sah vor, mehrere Bauten im Norden des Reichstages zu errichten, besonders Platz für die Bibliothek war vonnöten. Dieser und ein zweiter Wettbewerb 1929 verliefen im Sande, die Pläne waren nicht ausgereift und das Programm war mangelhaft. Ohnehin hatte das Reich kein Geld, um das Bauprojekt zu realisieren. Das Image des Reichstags war um diese Zeit so angeschlagen, daß auch fortschrittliche Kritiker wie Werner Hegemann seinen Abriß verlangten.

Über das, was das Reichstagsgebäude symbolisierte, bestand nie Übereinstimmung. Demokratisch gesinnte versuchten immer wieder, der Institution »Reichstag« Halt zu geben. Der Demokratie feindliche Kräfte dagegen waren bemüht, das Haus, das für sie alles repräsentierte, was sie haßten, in den Schmutz zu ziehen.

Soweit wir wissen, hat Hitler dem Reichstagsgebäude nur ein einziges Mal mit seinem Antrittsbesuch beim Reichsrat am 3. Februar 1933 seine »Reverenz« erwiesen. Gut drei Wochen später, in der Nacht vom 27. auf den 28. Februar brannte das Haus aus; der Plenarsaal, das Restaurant und einige andere Nebenräume gingen in Flammen auf. Der Brand wurde zum Fanal. Hitler, Göring und Goebbels nahmen ihn als Anlaß – da sie selbst nicht der Brandstiftung überführt werden konnten –, repressive Verordnungen zu erlassen. Deutschland wandelte sich schnell in ein totalitär regiertes Land.

Für den in Berlin wegen Brandstiftung verhafteten bulgarischen Kommunisten Georgi Dimitroff und seine Parteigänger in der ganzen Welt war der Brand ein Werk der Nationalsozialisten. Überall in Europa wurde gegen den braunen Terror mobil gemacht, überall in Europa war der brennende Reichstag das Symbol der totalitären Herrschaft schlechthin. Und als Dimitroff während der Lokaltermine im Reichstag gegen Göring und Goebbels rhetorisch so glanzvoll abschnitt, erhielt das Gebäude für Kommunisten in aller Welt auch eine Bedeutung als Symbol des Faschismus.

Während des »Dritten Reiches« diente das Reichstagsgebäude lächerlichen Aufgaben. Das »Parlament« oder Deutschlands »bestbezahlter Männerchor« tagte in der gegenüberliegenden Krolloper. Im Reichstag wurden Ausstellungen wie »Bolschewismus ohne Maske« und »Der ewige Jude« gezeigt. Die Rote Armee sah in diesem Gebäude folgerichtig die Zentrale des Bösen, obwohl es ursprünglich nur der Demokratie und dieser nur 37 Jahre gedient hatte, und feuerte viele tausend Geschosse auf das Gemäuer.

Bei Kriegsende lag der Reichstag, wie ganz Deutschland, in Ruinen. Es dauerte nicht lange, da wurde er zum Symbol des Kalten Krieges. Wieder gab es Streit: sollte man die Ruine beseitigen oder das Gebäude restaurieren? Das Gebäude wurde nach Plänen von Paul Baumgarten zwischen 1961 und 1972 ohne Kuppel und mit reduziertem Schmuck wiederhergestellt. Doch bei der Eröffnung der Ausstellung »Fragen an die deutsche Geschichte« am 21. März 1971, zum 100. Jubiläum der ersten Sitzung des Reichstages des Deutschen Reiches, wurden Stimmen laut, die fragten: »Wozu das ganze?« Die Mauer war inzwischen Realität, eine Wiedervereinigung in Frieden mit einem Reichstag als gesamtdeutschem Parlament in weite Ferne gerückt. Doch das Haus sollte bis zum Tage X sozusagen »auf Eis« gelegt werden.

Einer, der diese Haltung hinterfragte, war der »Verpackungs«-Künstler Christo, der 1971 vorschlug, das Gebäude für zwei Wochen zu verhüllen. Am 27. Mai 1977 kam es in Bonn zu einem »Showdown« zwischen Bundestagspräsident Karl Carstens und Christo. Carstens verweigerte dem Projekt seine Zustimmung, weil es einer Beeinträchtigung des Symbols Reichstag gleichkäme. Christo hat immer wieder versucht, das Projekt zu realisieren, noch heute hält er an dem Vorhaben fest. In der Zwischenzeit ist aber das eingetreten, was man für unwahrscheinlich hielt: die Einigung beider deutschen Staaten und die Wiedervereinigung Berlins.

Soll das Reichstagsgebäude wieder das Parlament beherbergen und wenn ja, in welcher Form? Der Bundestag nutzt in Bonn gegenwärtig 165000 Quadratmeter Hauptnutzfläche, benötigt für nunmehr 662 Abgeordnete zuzüglich 81 Mitgliedern des Europa-Parlamentes sowie ehemalige Kanzler und Präsidiumsmitglieder insgesamt 190000 Quadratmeter. Im Reichstagsgebäude stehen aber nur 17000 Quadratmeter bereit.

Die Fragen liegen also auf dem Tisch: Wie kann die Parlamentsarbeit in Berlin aussehen; wo werden Plenarsitzungen, Ausschußsitzungen etc. stattfinden; wo werden die 770 Abgeordnetenbüros sein, wo werden die Abgeordneten ihre Wohnungen haben? Kann man die Kuppel wiederherstellen? Wie wird man mit dem Umbau von Paul Baumgarten umgehen – pfleglich, pietätlos, pragmatisch? Diese und tausend andere Fragen müssen in den nächsten Monaten beantwortet werden, damit vernünftig geplant und vernünftig und schnell gebaut werden kann. Denn einen Termin haben jetzt alle im Kopf: den 100. Jahrestag der Einweihung des Reichstagsgebäudes, den 5. Dezember 1994.

Umstritten und umkämpft: Giebelrelief von Fritz Schaper und Inschrift von Peter Behrens

Parlament contra Monarchie

Vorgeschichte

Die unvollendete Märzrevolution von 1848 verhalf dem Parlamentarismus in Deutschland – lange nach England und Frankreich – in bescheidenen Anfängen zum Durchbruch. Am 18. Mai trat in Frankfurt am Main die erste deutsche Nationalversammlung zusammen, am 22. Mai in Berlin die konstituierende preußische Nationalversammlung. Damit war zwar nicht die fürstliche Macht angetastet, aber es war ein Beginn.

Wie die Berliner Stadtverordnetenversammlung irrte auch Preußens erstes Parlament durch die Stadt. Von Mai bis September tagte es in der »Singakademie« Am Festungsgraben 2, heute bekannt als Maxim-Gorki-Theater. Die revolutionäre Stimmung der Berliner Bevölkerung war bei weitem noch nicht abgeklungen, man war noch immer wachsam und hatte ein Auge auf die Vorgänge am Kastanienwäldchen. »Das Verhältnis zwischen Nationalversammlung und Berliner Öffentlichkeit hatte durchaus problematische Züge. Ähnlich wie die Galerien der Paulskirche unterstützte die Mehrzahl der Zuhörer die demokratische Fraktion, und man griff bedenkenlos an, wer den demokratischen Freunden widersprach ... Hinter diesem Streit um Worte verbarg sich der Anspruch auf Volkssouveränität ...« (17, S. 631).

Im September zog das Parlament weiter in das 1818-21 von Schinkel erbaute Schauspielhaus am Gendarmenmarkt. Dies war auch der Ort, wo die Nationalversammlung nach scheinbar kämpferischer Entschlossenheit unter dem Druck des königlichen Militärs ihren Wählerauftrag verriet. »Hier faßte sie am 12. Oktober mehrheitlich den Beschluß, dem preußischen König das Gottesgnadentum zu streichen, das heißt, in der zu erarbeitenden Verfassung sollte ihm das Prädikat ›Von Gottes Gnaden‹ nicht zuerkannt werden... Die Versammlung ging sogar noch weiter: Am 31. Oktober stimmte eine Mehrheit für die Abschaffung des Adels, seiner Vorrechte und Privilegien sowie der adligen Prädikate und Titel, um bürgerliche Gleichheit durchzusetzen.« (16, S. 340f) Als ab 10. November das Militär den Gendarmenmarkt abriegelte und das Parlament unter Druck setzte, waren die Berliner zum Kampf bereit – nicht aber die »Volksvertretung«. Nach einer letzten beschlußunfähigen Versammlung im Dom von Brandenburg am 27. November löste der König am 5. Dezember das verhaßte Parlament auf.

Tags darauf, am 6. Dezember 1848 »verordnete« König Friedrich Wilhelm IV. »seinem« Lande eine Verfassung und sicherte die Macht der Hohenzollern mit der Bestimmung einer konstitutionellen Monarchie. Aus der Nationalversammlung wurde die 1. Kammer des Landtags, später das Herrenhaus; die 2. Kammer, ab 1855 das Abgeordnetenhaus, wurde dann im Januar 1849 gewählt. Die Forderung, den am 18. November des Vorjahres verhängten Ausnahmezustand aufzuheben, war Anlaß genug für den König, das Parlament schon Ende April wieder aufzulösen und Militär gegen die protestierende Bevölkerung einzusetzen: vier Tote. Bürgerlicher Parlamentarismus und preußische Monarchie waren vorerst unvereinbar.

Nach der ebenfalls »von oben« verordneten Einführung des Dreiklassenwahlrechts am 30. Mai folgten am 17. Juli Wahlen. Das Herrenhaus fand seine Tagungsstätte wieder im Schauspielhaus und zog 1851 – gedacht für längere Zeit – in das seit 1831 zweckentfremdet genutzte ehemalige Amtsgebäude des Gouverneurs von Berlin, Oberwallstr. 4. Aber noch im gleichen Jahr war die 1. Kammer obdachlos – das Haus brannte ab.

Ein neues Provisorium war angesagt. Die Wahl fiel auf die Leipziger Str. 3, ein Haus mit interessanter Vergangenheit. Unter dem Bauzwang Friedrich Wilhelms I. bei der Erweiterung der Friedrichstadt hatte sich sein Erbauer ruiniert. Später betrieb hier Johann Ernst Gotzkowsky seine Seidenmanufaktur, und zuletzt war es das Stadthaus der Familie Mendelssohn Bartholdy. Im Jahre 1851 erwarb es der preußische Staat und ließ es umbauen.

Aber fast wäre der Umbau am König gescheitert: »Niemand ahnte Böses. Da ergab sich's, daß die Räumlichkeiten nicht ausreichten, und ein großes, neu zu errichtendes Hintergebäude sollte den fehlenden Raum schaffen. So weit war alles klipp und klar, wenn nur der Eibenbaum nicht gewesen wäre.... Einige ... woll-

Leipziger Straße 75 – Palais Hardenberg und späteres Abgeordnetenhaus

ten zwar kurzen Prozeß mit ihm machen und ihm einfach den Kopf vor die Füße legen. ... Sie erfuhren bald zu ihrem Leidwesen, welch hohen Fürsprecher der Baum an entscheidender Stelle hatte.« (208, S. 126) Gemeint war Friedrich Wilhelm IV., der als Kind ausgerechnet in diesem Baum geklettert war. So wurde der Sitzungssaal in den mittleren Hof statt in den Garten gebaut. Im November 1851 fand die erste Sitzung des Herrenhauses, dieses »Musterbeispiels des Scheinparlamentarismus« statt. Die Ruhe im Haus war sprichwörtlich: man hatte nicht getagt, sondern »genächtigt«.

Die 2. Kammer des Landtages, das Abgeordnetenhaus, zog zum Dönhoffplatz in die Leipziger Str. 75, ein 1775 vermutlich von G. C. Unger erbautes Palais. 1804 war das Haus in den Besitz des Ministers und Staatskanzlers Hardenberg gekommen, der dorthin Wohnung und Amtssitz verlegte. 1848/49 wurde es für die 2. Kammer umgebaut, durch Heinrich Bürde. Ursprünglich sollte das Haus nur ein Provisorium für rund sechs Jahre sein. Der Neubau des Abgeordnetenhauses an der Prinz-Albrecht-Straße (heute Niederkirchnerstraße) nach Entwurf von Friedrich Schulze-Kolbitz aber war erst im Jahre 1898 fertiggestellt. Mit dem Herrenhaus an der Leipziger Str. 3-4 – ebenfalls von Schulze-Kolbitz und mit dem Abgeordnetenhaus durch einen Zwischenbau verbunden – hatte endlich 1904 das preußische Parlament ein gemeinsames Haus. Für noch ganze drei Jahrzehnte parlamentarische Demokratie.

Geschichtliche Kontinuität war sicher nicht der Deutschen Stärke. In der Geschichte seiner Parlamentshäuser in Berlin ist sie aber durchaus vorhanden. Brauchte der preußische Landtag ein halbes Jahrhundert für einen angemessenen endgültigen Neubau, so fand der Reichstag »schon« nach reichlich zwei Jahrzehnten ein festes Domizil. Dem Bundestag aber verordnete schon das Grundgesetz die zeitliche Beschränkung auf seinen Ort.

Der Kampf Preußens und Österreichs um die Vorherrschaft im fiktiven Deutschen Reich – 1864 hatten sie um Schleswig ihre Interessen gegen Dänemark noch gemeinsam gewahrt – eskalierte 1866 schließlich zum Krieg. Am Tage vor Kriegsbeginn erklärte Preußen am 14. Juni den Deutschen Bund für aufgelöst. »Der Krieg von 1866 ist nicht aus Notwehr gegen die Bedrohung der eigenen Existenz entsprungen, auch nicht hervorgerufen durch die öffentliche Meinung und die Stimme des Volkes; es war ein im Kabinet als nothwendig erkannter, längst beabsichtigter und ruhig vorbereiteter Kampf nicht für Ländererwerb, Gebietserweiterung oder materiellen Gewinn, sondern für ein ideales Gut für Machtstellung. Dem besiegten Oesterreich wurde kein Fußbreit seines Territoriums abgefordert, aber es mußte auf die Hegemonie in Deutschland verzichten.« (4, S. 426) So formulierte Generalstabschef Helmuth v. Moltke als unverdächtiger »Tatbeteiligter« im Jahre 1887.

Am 3. Juli 1866 schlug Österreichs Schicksalsstunde beim kleinen böhmischen Dorf Sadowa, bekannt als Schlacht von Königgrätz (Hradec Králové). Der preußische Sieg war absolut, und Österreich schied aus dem deutschen Staatenverbund aus. Moltke sah zwar den Glanz des Sieges, aber auch real in die Zukunft: »Es steht zu hoffen, daß das Ergebniß dieses beispiellos schnell verlaufenden Feldzuges eine segensreiche Zukunft für Deutschland und die heranwachsende Generation herbeiführen wird. In der ernsten Prüfung sind die jüngeren Männer gewogen, auf welche das preußische Heer in den Kämpfen sein Vertrauen setzen darf, welche wahrscheinlich bevorstehen.« (2, S. 29)

Welche Kämpfe Preußen noch auf dem Weg zur deutschen Hegemonie bevorstanden, hatte Bismarck bereits 1864 ganz offen dem russischen Staatsrat Ewert angekündigt: »Ich werde die einen erkaufen, die anderen einschüchtern, noch andere schlagen und zuletzt alle für mich gewinnen, indem ich sie gegen Frankreich führe.« (3, S. 177) Am 12. Februar 1867 wurde in 19 deutschen Staaten nördlich des Mains und drei Freien Städten der Reichstag des Norddeutschen Bundes nach allgemeinem, gleichem und direktem Wahlrecht gewählt. Die am 16. April angenommene Verfassung bestimmte Preußen zur Präsidialmacht und zur Übernahme der Außenpolitik, den preußischen König zum Bundesfeldherrn. Und Berlin wurde (nord-) deutsche Hauptstadt und trat 1867 in die Geschichte deutscher Parlamente ein.

Vom 24. Februar bis 17. April tagte hier erstmals ein deutscher Reichstag, wenn auch ohne die süddeutschen Staaten, noch nicht für das gesamte Reich sprechend und mit wenig Kompetenzen ausgestattet. Mangels eines eigenen Hauses fand die konstituierende Sitzung am 24. Februar im Weißen Saal des Stadtschlosses statt, die erste Arbeitssitzung einen Tag später im Gebäude des Preußischen Herrenhauses Leipziger Straße 3.

Bei dieser ersten Sitzung gab es eine besonders peinliche Panne – das Rednerpult war vergessen worden. Kaum hatte Bismarck dies bemerkt, als er sofort ein Pult herbeiholen ließ und bezeichnenderweise bemerkte: »Es sollte den Herren ihre wichtigste Rolle keineswegs verkümmert werden.« (46, S. 16)

In diesem Reichstagsgebäude ist am 19. Juli 1870 der Beschluß zum Krieg gegen Frankreich gefaßt worden. In eben diesem Hause ist ein halbes Jahr später die Verfassung des Deutschen Bundes, später des Deutschen Reiches, in einer Form angenommen worden, die es auch den süddeutschen Staaten erlaubte, in Wilhelm I. den Kaiser aller Deutschen zu sehen. Der 12. Dezember 1870 war der letzte Sitzungstag des Reichstages im Gebäude des Herrenhauses.

Der vergebliche Anlauf

Reichsgründung und Reichstagsprovisorium

Bereits 1866 hatte Preußen mit den süddeutschen Staaten geheime Schutz- und Trutzbündnisse geschlossen. Als 1868 in Berlin das Deutsche Zollparlament für Nord- und Süddeutschland errichtet wurde, schien ein reibungsloses Zusammenwachsen des Reiches programmiert. Preußens »Weg nach oben« aber hatte ob des unverhüllten Militarismus in Süddeutschland regelrechte antipreußische Volksbewegungen mit einer breiten Basis in allen sozialen Schichten ausgelöst. Ein demokratischer Einigungsweg mußte also gegen Preußen laufen, für Bismarck blieb nur ein »außenpolitischer Umweg«, er hatte ihn ja 1864 schon vorgezeichnet.

Und Frankreich – Gegner deutscher Einheit – zum Krieg zu provozieren, war für Bismarck nicht schwer. Seine berühmt-berüchtigte »Redaktion« eines Telegrammtextes aus Bad Ems über die Gespräche Wilhelms I. mit dem französischen Botschafter – Gegenstand war der Streit um eine eventuelle hohenzollersche Nachfolge auf dem spanischen Thron – mußte mit der Unterstellung einer angeblichen diplomatischen Niederlage Frankreichs bei der Veröffentlichung den Gegner aufs äußerste reizen. Am 19. Juli 1870 kam folgerichtig die französische Kriegserklärung.

Die »innerdeutsche« Wirkung war erwartungsgemäß: »Von vollem Vertrauen auf die preußische Heeresleitung zeugt es, wenn die Regierungen von Bayern, Württemberg, Baden, Hessen, anscheinend das eigene Land entblößend, ihre Kontingente bereitwillig der Hauptversammlung anschlossen und unter Befehl des Königs Wilhelm stellten.« (4, S. 6)

Frankreich unterlag und Bismarck brachte mit listiger Diplomatie die süddeutschen Staaten auf die preußische Vereinigungslinie.

Am 18. Januar 1871 fand im Spiegelsaal des Königsschlosses von Versailles fernab der deutschen Lande die Kaiserproklamation statt, ein Festakt der Fürsten und Militärs. Wie fern vom Volk klingt in den Erinnerungen von Marie v. Olfers durch, die am 20. Januar notierte: »Also wir gehen etwas bedrückt (es regnete sacht) in der Leipziger Straße. Da, plötzlich vor uns fast auf den Kopf – sie ist mächtig lang – eine Fahne aus dem Kriegsministerium, gleich darauf die zweite, die dritte. Alles stutzt, Kopf an Kopf streckt sich aus den Fenstern: ›Was ist geschehen? …‹ Wir fragen den Portier des Ministeriums: Der antwortet: ›'s ist gar nischt‹. Wir fragen – fragen. Endlich: ›Der König ist Kaiser geworden!‹ Die Berliner sehr erstaunt.« (6, S. 28)

Am 3. März 1871 wählten die Deutschen ihren ersten Reichstag, oder besser die, die sich überhaupt dafür interessierten. Die Wahlbeteiligung war äußerst gering, in Berlin ganze 34,1 Prozent. Die feierliche Eröffnung am 21. März im Preußischen Abgeordnetenhaus Leipziger Str. 4 sah die Wahl Otto v. Bismarcks zum Reichskanzler – das Ziel war erreicht.

Dem Dasein des Reichstages als Gast in der Leipziger Str. 3 war keine lange Dauer beschieden. Bereits eine Woche nach der feierlichen Eröffnung des Reichstages stellte am 28. März der Abgeordnete Johannes Miquel, später preußischer Finanzminister, aufgrund in der Öffentlichkeit kursierender Gerüchte eine kleine Anfrage an die Regierung über deren Pläne für einen Parlamentsneubau.

Da das Parlament für die Regierung letztlich doch nicht so wichtig war – es hatte zwar Gesetzgebungsfunktion, aber die Existenz der Regierung war von ihm unabhängig – schien ihr ein einfaches, zweckmäßiges Haus in der Nähe des Regierungsviertels durchaus zu genügen. Pläne für einen solchen Neubau in der Wilhelmstraße zwischen der Deckerschen Oberhofbuchdruckerei und dem Palais des preußischen Königlichen Haus-Ministeriums (Nr. 73) waren bereits ausgearbeitet.

Die Anfrage wurde am 29. März und am 19. April behandelt. Bereits in diesem frühen Stadium nahmen die Diskussionen alles vorweg, was sich später noch einmal abspielen sollte: Streit um die Repräsentativität, um Provisorium oder Endgültigkeit, um den Bau als nationale Architekturaufgabe – »heilige Pflicht« – und um Stilfragen.

Eine weitsichtige Position wurde von dem Abgeordneten August Braun vertreten, der sich für einen Monumentalbau aussprach, zunächst aber für einen gleichzeitig zu errichtenden provisorischen Neubau plädierte, da »noch mancher Tropfen Wasser die Spree hinunterlaufen wird, ehe ein neues Parlamentsgebäude an deren Ufern fertig dasteht«. (209)

Bismarck informierte dann über die Absichten des Preußischen Abgeordnetenhauses, also des Hausherrn,

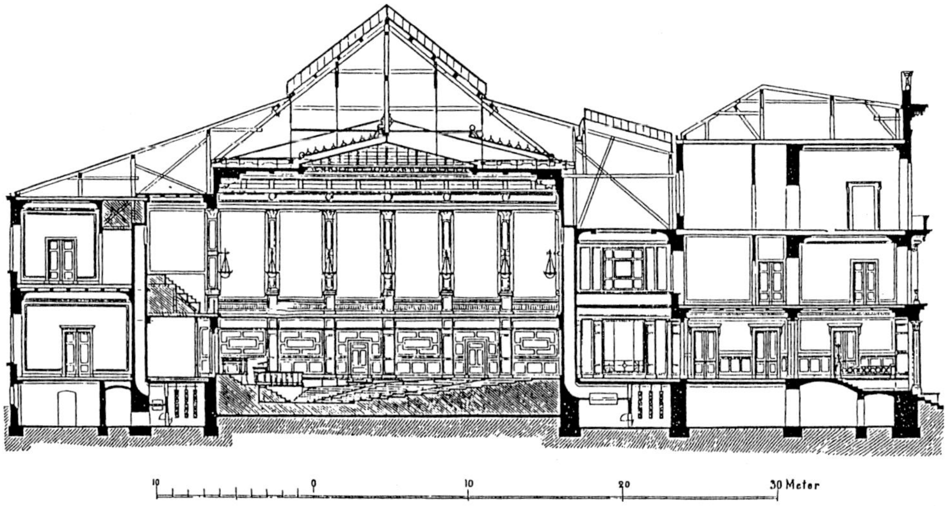

Der provisorische Reichstag Leipziger Straße 4 mit dem Saaleinbau im Hof der ehemaligen KPM

das benachbarte Grundstück der Königlichen Porzellanmanufaktur (KPM) für einen eigenen Neubau zu reservieren. Demzufolge könne dort nicht für den Reichstag gebaut werden. Ungeachtet dessen sei das jetzige Haus »unerträglich« und zu eng und die Ermüdung, »die aus diesem zellenartigen Eingesperrtsein... auf die Stimmung des einzelnen miteinwirkt« unvermeidlich. In anderen Parlamenten gäbe es zudem solche Räumlichkeiten, »wo man selbst einen Ausländer, ohne zu erröthen... kann warten lassen«. (209)

Naheliegend war die Bildung einer Kommission. Sie sollte ein passendes Grundstück finden, das Bauprogramm und die Teilnahmebedingungen für eine öffentliche Konkurrenz festlegen sowie Vorschläge für eine provisorische Lösung machen. Ihre Bildung bereitete mancherlei Schwierigkeiten und war eher komisch als parlamentarisch-würdevoll. Uneinig war man zunächst in allen Punkten: Sollten auch Vertreter des Bundesrats in der Kommission sitzen und brauchte man Vertreter der Stadt Berlin und der Regierung? Müßten Vertreter der Architektenschaft dabei sein und sollten sie Stimmrecht oder nur Vorschlagsrecht besitzen? Der Bundesrat beschloß am 15. Mai, zwei Mitglieder und drei Stellvertreter in die Kommission zu entsenden. Der Reichstag wählte am 17. Mai ohne Stellvertreter fünf Mitglieder, darunter Reichstagspräsident v. Simson. Die preußische Regierung berief bei der Konstituierung der Baukommission zusätzlich zwei hohe Baubeamte ohne Stimmrecht in die Kommission: H. L. A. Herrmann und F. Hitzig. Vom Berliner Magistrat kam der auch für die Baupolizei zuständige Polizeipräsident Lothar v. Wurmb.

Die Kommission tagte zumeist im Reichsamt des Innern in der Wilhelmstraße 74, zugleich auch Kanzleramt, und über jede Sitzung wurde Protokoll geführt. Mit den Berichten der Bundesratsmitglieder an ihre Vorgesetzten, den Presseveröffentlichungen und zahlreichen später veröffentlichten Tagebüchern von Kommissionsmitgliedern ist ihre Arbeit hinreichend dokumentarisch überliefert.

Als die Kommission für ein Provisorium etwa zwei Jahre Bauzeit veranschlagt hatte, erschien der erboste Bismarck am 10. Juni höchstpersönlich in ihrer Sitzung. Er wies auf das provisorische Parlamentshaus als Beispiel einer schnellen und befriedigenden Lösung in Wien hin, das in wenigen Wochen in Fachwerkbauweise errichtet worden war. Und er schlug als allerschnellste Lösung die Überbauung bzw. Überdachung des ersten Hofes der Porzellanmanufaktur vor, von Herrmann und Hitzig als praktikable Lösung bestätigt. Beide wurden beauftragt, binnen drei Tagen einen Entwurf nach Bismarcks Vorschlag vorzulegen.

Bismarck war mit sich selbst so zufrieden, daß er über seine Einschüchterungstaktik einige Stunden später in einer parlamentarischen Soirée prahlte. Er sei so aufgeräumt, weil »er unmittelbar vorher wie eine Bombe in die Parlamentsbaukommission hineingeplatzt war und dort zum Entsetzen der Geheimräterei, aber zur großen Genugtuung der Parlamentsmitglie-

Der provisorische Reichstag Leipziger Straße 4 zwischen Kriegsministerium (links) und Herrenhaus

der den Stein in rasches Rollen gebracht hatte«. (20, S. 54f)

Am 14. Juni nahm die Kommission den Plan Hitzigs - also Bismarcks - zur Überbauung des Hofes der KPM in Fachwerk an und leitete ihn an das Plenum weiter, das sich diesem Votum anschloß. Damit hatte die Kommission, die bis 1898 bestehen sollte, den ersten Teil ihrer Aufgaben gelöst.

Die KPM war nicht irgendeine Firma, sondern ein Stück Berliner Geschichte. Das Haus auf dem langen schmalen Grundstück von 400 x 60 Metern hatte 1735-37 ein Major von Aschersleben errichten lassen. 1761 erwarb es schließlich der Bankier und Unternehmer Johann Ernst Gotzkowsky, um dort auf Veranlassung Friedrichs II. eine Porzellanfabrik einzurichten; auf dem Nachbargrundstück Nr. 3 betrieb er bereits eine Seidenmanufaktur. Im Jahr 1763 wurde die Manufaktur verstaatlicht und die weltberühmte KPM war entstanden. Sie erlebte als anfangs subventioniertes staatliches Unternehmen einen steilen Aufstieg. Bereits 1793 arbeitete hier eine Dampfmaschine, 1822 folgte die zweite. Mangels weiterer Ausdehnungsmöglichkeiten und wegen der exponierten Lage im Regierungsviertel hatte die KPM an der Einmündung des Schafgrabens in die Spree (Englische Straße) 1868 mit dem Neubau eines Betriebsgeländes begonnen. So waren ihre Tage in der Leipziger Straße ohnehin gezählt. Das Abgeordnetenhaus spekulierte auf dieses Grundstück schon seit 1865, der Reichskanzler aber zerstörte 1871 diese Hoffnungen.

Auf welche Weise Bismarck, »der den Reichstag nicht am wenigsten mit erschaffen, ... ein vorzüglich gelungenes provisorisches Haus herbeigezaubert hat« (21, S. 283f), gehört zu den Kuriositäten einer ohnehin schon merkwürdigen Geschichte. Die Ausführung des Umbaues sollte sofort beginnen. »Aber die Manufaktur hinderte durch ihre Anwesenheit den Beginn der Arbeit, denn die Neubauten in Charlottenburg gingen langsam vorwärts ... Da kam eines Morgens Bismarck in die Leipziger Straße geritten.« Auf seine Frage, wann das Haus endlich geräumt werden könne, bekam er die Antwort, daß es noch einige Tage dauern würde. Darauf erklärte Bismarck »... kurz und bündig, daß er die Feuerwehr anrücken lassen werde, wenn die Manufaktur sich nicht schleunigst zum Auszug bequeme«. (22, S. 10) Es wurde dann aber nur das Hauptgebäude geräumt; für das restliche Lager ließ man ein weiteres Jahr Zeit.

Nach Hitzigs Plänen, bekannt war er den Reichstagsabgeordneten sicher durch die 1859-64 errichtete Berliner Börse und die 1869 begonnene Reichsbank, lieferten Gropius & Schmieden die Ausführungsunterlagen. 1866 gegründet und eine der ersten erfolgreichen Architektenfirmen, war Gropius & Schmieden bis dahin durch zahlreiche Bankhäuser, das Schloß Biesdorf (1868) und den Bau des ersten Berliner städtischen Krankenhauses am Friedrichshain (1868-74) bekannt geworden. Auch die ausführenden Maurerfirmen Koch und Lauenburg hatten einen guten Ruf. Heinrich Lauenburg war selbst Architekt und hatte u. a. mit B. Kolscher 1864 das Handwerkervereinshaus Sophienstraße 15 gebaut und 1859 den jährlichen Schinkelpreis des Architektenvereins für ein »Parlamentshaus für Preußen« bekommen.

Innerhalb der 116 Tage vom Baubeginn am 24. Juni 1871 bis zur Fertigstellung gingen sechs Wochen durch die Streiks im Berliner Baugewerbe vom 17. Juli bis zum 28. September verloren. Diese hatten teilweise zur völligen Stillegung der Baustelle geführt. Am 16. Oktober 1871 zogen die Reichstagsmitglieder zur ersten Sitzung in das neue Haus. Der Reichstag hatte nun sein »Provisorium« - dauerhaft für 23 Jahre!

Die Kostenüberschreitung für den Umbau erreichte ein erschreckendes Maß. Vorgesehen waren 170 000 Taler, die tatsächlichen Kosten betrugen schließlich 451 304 Taler. Das hatte zwei Gründe: die durch den Streik entstandenen zusätzlichen Kosten und die während des Baues gesteigerten Ansprüche an Komfort und Ausstattung.

Die Geschwindigkeit, mit der gebaut worden war, hatte erhebliche Konstruktionsfehler zur Folge. Bereits am 19. Mai 1873 erntete der Hildesheimer Abgeordnete H. Römer Heiterkeit mit seiner Bemerkung, daß das Haus »fast täglich durch kleine Zeichen zu erkennen giebt, daß es sich bereits in der Auflösung befindet«. Ludwig Windthorst sprach sogar davon, daß man sich »in einer gewissen Lebensgefahr« befinde. »Es ist nämlich fort und fort von der Decke dieses Saales bald Glas, bald Anderes hinunter gefallen, (Heiterkeit links) und hat sehr scharf eingeschnitten. ... Die Sache ist gar nicht gleichgültig; denn wenn das letzte Stück, welches auf den Platz des Herrn von Puttkamer gefallen wäre, so hätte es wahrscheinlich den Stirnschädel des verehrten Herrn Kollegen eingeschlagen. Das ist doch nicht gleichgültig (Heiterkeit).« (27)

Die umfänglichen Umbauten im Innern waren an der Fassade vorerst kaum sichtbar. »Der Haupteingang für die Mitglieder des Hauses liegt in der Mitte, während die seitlich gelegene Durchfahrt zu den Bureaus und den Tribünen führt. Die letzteren liegen auf drei Seiten des Sitzungssaales über den Korridoren. Der Sitzungssaal, 22m breit, 28,25m lang und 13-15m hoch, enthält 400 Klappsitze mit verschliessbaren Pulten ... Das zu beide Seiten der Tribünen-Anlage angeordnete, erhöhte Podium des Bundesrathes enthält 44 Sitze. Die Tribünen des Publikums (einschl. der reservirten Tribünen) enthalten 315 Plätze.

Der Saal ist durch Oberlicht erleuchtet. Bei Abendsitzungen werden eiserne Wagen mit 660 Glasflammen, über denen neusilberne Reflektoren angebracht sind, über die Glasfläche des inneren, schräg liegenden Oberlichtes gerollt«. (28, T.1, S. 292)

Raummangel und andere Unzulänglichkeiten führten schon 1874 zu einem fünfmonatigen Umbau des Vorderhauses durch W. Neumann, bei dem nun auch die Fassade umgestaltet und neues Mobiliar angeschafft wurde. Das kostete nochmals 435 000 Mark.

Mit Fertigstellung des Wallot-Baues wurde dann das Haus völlig geräumt, man hatte im Neubau vorerst genug Platz. Der Reichstagsabgeordnete Louis Viereck pachtete das Provisorium für den »Nationalverein zur Hebung der Volksgesundheit«. Im Dezember 1898 wurde das Haus, in dem Bismarck am 6. Februar 1888 gesagt hatte: »Wir Deutschen fürchten Gott und sonst nichts in der Welt«, auf respektloseste Art und Weise abgerissen: »Das alte Reichstagsgebäude ist in diesem Herbst auf Abbruch verkauft und in wenigen Wochen - in Berlin arbeitet dieses Spezialhandwerk der Häuserschlächterei ungewöhnlich schnell - niedergerissen worden ... Man braucht gar nicht sentimental zu sein, um noch jetzt zu bedauern, daß das ehrwürdige alte Reichstagsgebäude pietätlos ausgenützt und etwa so behandelt worden ist wie ein edles Roß, das schließlich im warmen Wurstkessel des nächtlichen Hausierers endet.« (29, S. 104ff) Parallelen zu Praktiken der Gegenwart?

Bauplatzsuche und Wettbewerbsprogramm 1872

Die Baukommission hatte auch ein Grundstück für den Neubau zu finden und das Bauprogramm sowie die Teilnahmebedingungen für einen öffentlichen Wettbewerb auszuarbeiten. Da ein freistehender Neubau eindeutig favorisiert wurde, reduzierte sich die Zahl der Standorte auf acht. Die Ostseite des Königsplatzes mit dem Palais Raczynski schien am geeignetsten. Diese Wahl ist – erstmals – bereits am 14. Juni 1871 getroffen worden.

Mit der freien Lage, der Nähe zum Regierungsviertel Wilhelmstraße und der Grundstücksgröße bot der Platz optimale Voraussetzungen, zumal die Beseitigung des Palais »voraussichtlich keine großen Schwierigkeiten veranlassen wird« und »er am raschesten und mit den geringsten Kosten zur Verfügung gestellt werden kann«. (210) Damit irrte die Kommission jedoch gewaltig.

Im Laufe der nächsten zehn Jahre sollte sich gerade dieser Platz in vielerlei Hinsicht als teuer und ungeeignet erweisen. Besitzer des Grundstücks war der polnisch-preußische Diplomat, Kunsthistoriker und -sammler Graf Athanasius Raczynski. Der zu diesem Zeitpunkt 83jährige hatte umgehend zu verstehen gegeben, daß er nicht gewillt sei, sein Grundstück zu veräußern. Unverzeihlich war für den alten Diplomaten auch der Formfehler, daß er die Absichten der Reichstagsbaukommission erst aus der Zeitung erfahren hatte.

Das 1844 bis 1847 nach Stracks Entwurf errichtete Palais, »in dessen oberstem Stockwerk die aus 2 Räumen bestehende, durch hohes Seitenlicht beleuchtete Gallerie liegt, bildete das Hauptglied einer ... nach Formen und Verhältnissen ausserordentlich anmuthigen Baugruppe. Leider ist die Harmonie derselben vor einigen Jahren dadurch zerstört worden, dass das ... Gebäude durch zwei Seitenflügel vergrössert wurde. In dem südlichen der beiden (dem Staate gehörigen) Nebengebäude, das gegenwärtig der ›Hochschule für ausübende Tonkunst‹ überwiesen ist, befanden sich die Wohnung und das Atelier von Cornelius; das nördliche ist mehreren Berliner Künstlern zu Werkstätten eingeräumt. Die Gebäude selbst sind im Putzbau, die, bis auf je 5 Arkaden reduzirten, Verbindungshallen in Backsteinrohbau ausgeführt.« (69, T. 1, S. 165)

Über eine mögliche Enteignung konnte nur der König entscheiden. Und dieser war der Bruder des Monarchen, der Raczynski das Grundstück am 19. Mai 1847 unentgeltlich unter der Bedingung überlassen hatte, daß er dort baue und das Palais dem Publikum zugänglich mache. 1854 hatte Raczynski außerdem das Palais in seine Familienstiftung eingebracht, deren Bestimmung es verbot, das Haus freihändig zu veräußern: Dies sollte fortan das allergrößte Hindernis für den Reichstagsneubau sein.

Raczynskis Weigerung war natürlich auch der Reichstagsbaukommission bekannt. Als die Subkommission am 12. Juli 1871 zusammentrat, war sie in der Frage des Bauplatzes offenbar verunsichert. Der Polizeipräsident v. Wurmb gab eine Erklärung ab, daß einer Enteignung nichts entgegenstehe. Dies war zwar falsch, aber die Kommission war zunächst beruhigt und fuhr mit dem Entwurf des Bauprogramms fort. Der Aufgabe hatten sich Strack, Hitzig, Herrmann und Richard Lucae angenommen und legten das Ergebnis bereits am 5. August 1871 vor.

Die Schwierigkeit, mit der Orientierung des Gebäudes auf den Königsplatz die Rückfront der Stadt zuwenden zu müssen, war trotz des vom Abgeordneten Duncker initiierten Alternativvorschlages eines Standortes auf der Nordseite des Platzes von der Kommission negiert worden.

Dem Polizeipräsidenten wurde auferlegt, »direkt bei Seiner Majestät Erkundigungen darüber einzuziehen, ob dieser mit dem Bauplatz einverstanden und geneigt sei, im Falle ein gütliches Abkommen mit Raczynski nicht zustande komme, die Erwerbung des Platzes im Expropriationsverfahren zu genehmigen«. (31) In der übernächsten Sitzung behauptete v. Wurmb, daß der Kaiser nunmehr mit einer Enteignung einverstanden sei. Doch auch dies war falsch. Denn Wilhelm I. sah dazu keine Möglichkeit. Als er am 14. November das Bauprogramm mit den Teilnahmebedingungen genehmigen sollte, schrieb er im Vorwort, er halte »die Unsicherheit über die definitive Erwerbung des Raczynskischen Grundstückes für sehr ins Gewicht fallend, um die Bauanlage jetzt bereits festzustellen, weil diese Arbeit sich vielleicht als unausführbar später ergibt«. (212)

Blick auf den Königsplatz von der Kroll-Oper aus.
Hinter der Siegessäule das Palais Raczynski auf dem späteren Grundstück des Reichstages

Die Kommission ließ sich von diesen Einwänden aber nicht beirren.

Ebenso unnachgiebig setzte sie sich gegen die Architekten durch, die in der am 2. November vorgeschlagenen 17köpfigen Jury mit sechs Vertretern zahlenmäßig ins Hintertreffen gerieten. Die empfohlene Internationalität der Ausschreibung löste heftige Reaktionen aus.

Es ist schon merkwürdig, daß ausgerechnet die Architekten gegen die Internationalität zu Felde zogen. Karl Emil Otto Fritsch zählte zu denen, die einen Ausländer als Schöpfer des bedeutendsten nationalen Monumentes nicht akzeptieren wollten. Fritsch war von Haus aus Architekt und als Gründer und 34 Jahre lang Herausgeber der auflagenstärksten und einflußreichsten Bau-Fachzeitschrift »Deutsche Bauzeitung« einer der deutschen »Bau-Päpste«. Ihm folgte die preußische – insbesondere Berliner – Architektenschaft fast einhellig. Hatte aber vielleicht ein Parlamentarier Recht, der konterte: »Es könnte der in keiner Weise gerechtfertigte Verdacht entstehen, als scheuten sie, die Architekten, den Wettkampf mit den Fachgenossen anderer Nationen.« (32)

Die Diskussion verlagerte sich am 24. November in die Reichstagssitzung. Diese Debatte gehört zu den lebhaftesten und interessantesten in der Baugeschichte des Reichstages. Abgesehen von dem Grundstücksproblem ging es dabei im wesentlichen um die Höhe des Preisgeldes, die Einreichungsfrist, nationale oder internationale Ausschreibung, die Zusicherung der Bauausführung und die Zusammensetzung der Jury.

Richard Lucae hatte in einem Brief an die Kommission seine Gedanken über die Nachteile einer internationalen Ausschreibung mitgeteilt. Die Aufgabe sei eine »rein deutsche. Die Anwendung des Internationalitätsprinzips hat hier auch nicht einmal eine moralische Berechtigung, denn nachdem unsere Nation ohne fremde Hilfe das Deutsche Reich wieder aufgerichtet hat, soll sie dem architektonischen Symbol ihrer wiedergeeinten Macht auch nun den eigenen Stempel aufdrücken.« (33) Und ganz national-mystisch wurde der Abgeordnete Römer: Er behauptete, wenn ein ausländischer Architekt den Bau ausführe, werde »jeder Gebäudetheil, jedes Ornament uns und unseren Nachkommen zurufen: ›Das hat kein einheimischer Künstler geschaffen, das hat ein fremder Mann gemacht‹. ... Wenn in der Kunst etwas Großes geschaffen werden soll, so hat nur das Werth, was heimische Künstler schaffen; was der Fremde in unserem Lande schafft, wird uns immer fremd bleiben.« (212)

Georg Gf. zu Münster brachte wieder politischen Realismus in die angebliche »Kunstdebatte«: »Meine Herren, in meinen Augen steht die deutsche Kunst, die deutsche Technik, namentlich die deutsche Architektur so hoch, daß sie die Konkurrenz mit den Technikern anderer Länder nicht zu scheuen braucht (hört, hört), daß sie keines Schutzes bedarf; sollte sie eines solchen Schutzes bedürfen, sollte sie nicht soweit sein, dann will ich ihr den Schutz nicht geben, denn dann will ich, daß sie von den anderen etwas lernte (Zustimmung links)«. Und Duncker setzte noch eins drauf, als er meinte: »Auch Römers Argument, die Werke fremder Architekten wären uns fremd, sticht nicht, denn dann wird die Jury keinem der Pläne, die ihr vorgelegt werden, den Preis zu ertheilen. Gelingt es aber einem Plane eines fremden Künstlers, sich doch die Anerkennung zu erringen, so beweist er eben, daß die Kunst nicht eine bloße nationale, sondern eine internationale Angelegenheit ist, von der wahrlich das deutsche Volk sich nicht einseitig abschließen soll!« (212) Dieses Argument war wohl ausschlaggebend für die Beibehaltung der internationalen Ausschreibung.

Mit der Bestätigung der Ausschreibungsvorlage am 26. November im Bundesrat, der einen Vertreter mehr in der Jury beanspruchte, schien der Weg zum ersten deutschen Reichstagsgebäude frei.

Der Königsplatz

Über die Diskussionen um die Zweckmäßigkeit des Standortes in seiner Beziehung zur Stadt und die besitzrechtlichen Querelen um das Grundstück Raczynski ging der historische Blick auf das Umfeld offenbar verloren – die Geschichte der Gegend fand sich in keinem Beitrag.

Der Platz zwischen Kroll und Raczynski hatte mehrfach sein Gesicht gewandelt. Seit dem 16. Jahrhundert Teil des Kurfürstlichen Tiergartens, lag er lange außerhalb des öffentlichen Interesses. Um 1730 aber ließ Friedrich Wilhelm I. einen etwa 100 000 Quadratmeter großen Platz nördlich der Charlottenburger Chaussee abholzen und mit Kastanien und Linden umpflanzen – der Exerzierplatz war entstanden. Der Spreebogen nördlich dieser Sand-Einöde blieb dann größtenteils Holzplätzen und Lagerschuppen vorbehalten.

Erste Bebauungen im Spreebogen gehen bis in das 16. Jahrhundert zurück, als südlich der späteren Kronprinzenbrücke eine kurfürstliche Meierei angelegt wurde. 1767 ließ Friedrich II. südlich der Meierei die Akzisemauer nach Westen ausweiten und dahinter die Kaserne des Regiments Prinz Friedrich bauen. Die vor der Mauer laufende Straße wurde nun »Kasarmenstraße« genannt, heute Ebertstraße.

Fast in Vergessenheit geraten ist manches historische Ereignis auf dem Platz. Hier startete der erste Ballonflieger der Welt, der Franzose Jean Pierre Blanchard, am 27. September 1788 zu einem sensationellen Flug. 1807 feierten die Franzosen auf dem Gelände mit einem Feuerwerk den Geburtstag ihres Kaisers. Sieben Jahre später triumphierten dann die Berliner anläßlich der Heimkehr der von Napoleon geraubten Quadriga. Eine kleine »Revolution« löste 1835 das Verbot des Magistrats aus, den Geburtstag des Königs mit den beliebten Feuerwerken zu feiern. Die Anordnung sollte befürchtete Krawalle verhindern. Statt dessen kam es nun erst recht zu Unruhen. Vom 3. bis 6. August randalierten Berliner rund um den Platz und besonders in der Nähe des späteren Reichstagsstandortes am Circus. Fazit: 152 Verhaftungen, fast 100 Schwerverletzte und drei Tote in der sogenannten »Feuerwerksrevolution«.

Der Exerzierplatz blieb eine Sandwüste, erst Peter Josef Lenné konnte 1844-46 das Areal gärtnerisch gestalten. Die zur Längs- und Querachse symmetrische Anlage umschloß einen erst in den fünfziger Jahren begrünten kleinen rechteckigen Sandplatz. Westlich und östlich waren zwei Bauplätze abgetrennt worden. Mit der Rückfront zur Kasernenstraße, ab 1858 Sommerstraße, baute Strack bis 1846 das Palais Raczynski.

Gegenüber auf der Westseite errichtete L. Persius 1843/44 das Krollsche Etablissement, beliebte Vergnü-

Bereits vor der März-Revolution hatte um 1845 die Bebauung des Spreebogens mit Wohnhäusern begonnen, entworfen vor allem von Strack und Hitzig. In der Hindersinstraße errichtete Hitzig 1847 auch sein eigenes Wohnhaus. Um 1852 baute er unweit davon am Königsplatz 4 / Ecke Hindersinstraße 10 (ehemals Segers

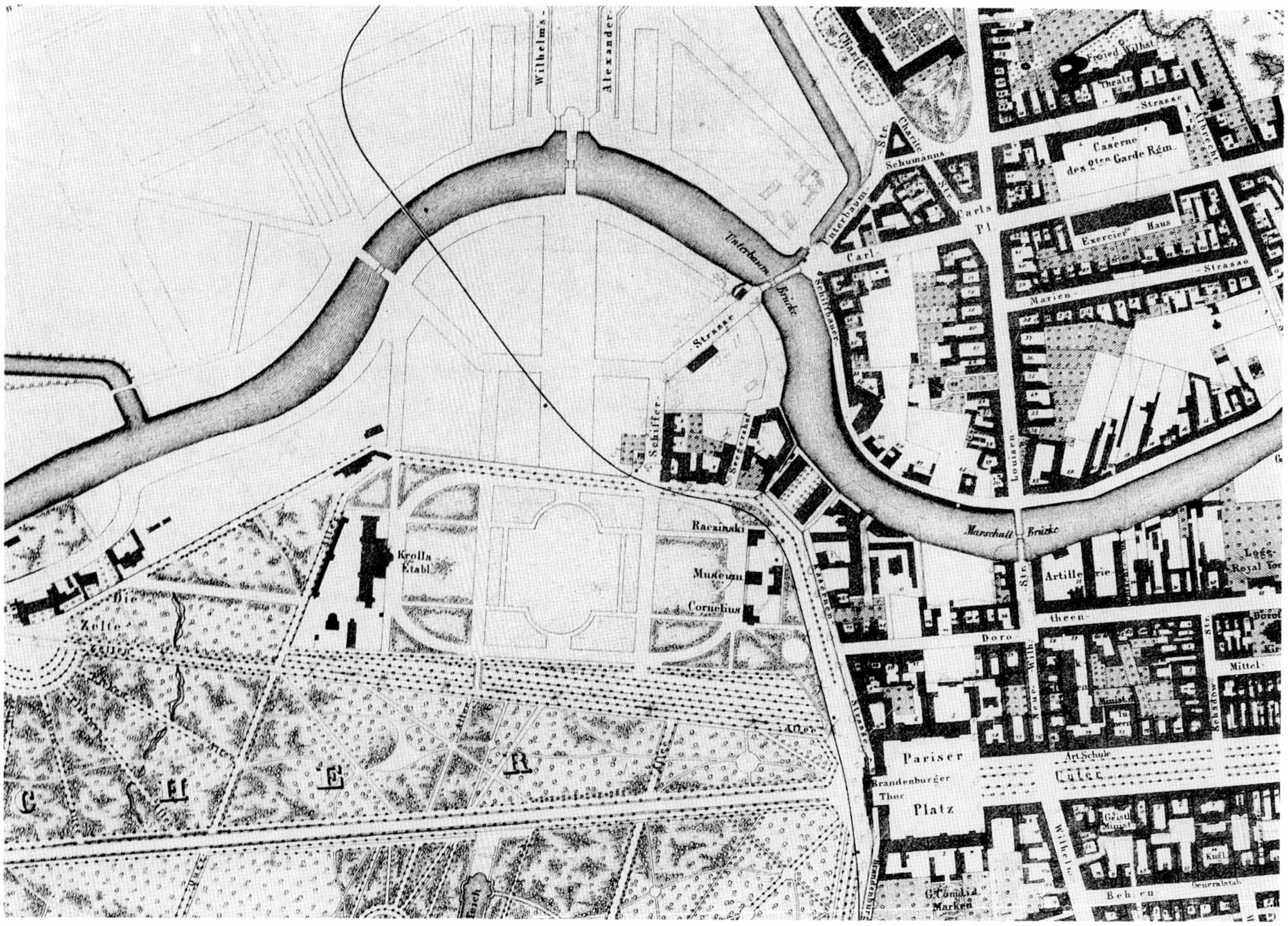

Königsplatz und Spreebogen auf einem Stadtplan um 1850

gungsstätte der Berliner. »Eine ganz besondere Anziehungskraft übt das Kroll'sche Etablissement im Thiergarten, wo man im Sommer für 1 Mark zugleich eine gute Oper oder einen berühmten Virtuosen, ein Concert im Freien und des Abends die feenhafte Beleuchtung des Gartens, so wie das Schauspiel einer bunten, interessanten Gesellschaft genießen kann.« (71, T. 2, S. 118) Beide Grundstücke sollten später den Reichstag beherbergen, Raczynski den Neubau, Kroll das Ersatzlokal.

Hof 1) das Palais Pourtalès, einziger bis zur Kriegszerstörung überlieferter Bau dieser frühen Zeit. Der in »vornehmen« Neorenaissanceformen gehaltene Putzbau, später unmittelbarer nördlicher Nachbar des Reichstages mit der Hauptfront zur Hindersinstraße, wurde später Japanische Botschaft und um 1940 »Haus der Kunst«.

Als in den sechziger Jahren die planmäßige Parzellierung einsetzte, geriet der Königsplatz in den Blick des königlichen Interesses. Die Paraden, die die Berliner

Regimenter hier vor dem König absolvierten, veranlaßten Wilhelm I. 1864 zur offiziellen Namensgebung. Am ersten Jahrestag der Erstürmung der Düppeler Schanzen im Krieg gegen Dänemark wurde am 18. April 1865 der Grundstein für ein Siegesdenkmal gelegt, gedacht als einfacher Obelisk. Preußens militä-

Das erste Etablissement »Kroll« von L. Persius vor dem Brand

rische Rundumschläge auf dem Wege zum deutschen Nationalstaat unter seiner Herrschaft überholten die fast zivile Bescheidenheit. Am 26. Oktober 1869 folgte die zweite Grundsteinlegung anläßlich des Sieges über Österreich und schließlich Silvester 1871 die dritte: Frankreich war bezwungen.

Aus dem Obelisken war nach dem Entwurf Stracks eine 46,14 Meter hohe Säule geworden. Gekrönt wurde sie durch die Siegesgöttin von Friedrich Drake, deren Siegeszeichen bis zur Höhe von 61,5 Meter ragte. Auf Drakes Werk hatte Strack keinen Einfluß, da dessen Entwurf auf ausdrückliche Weisung des Königs zur Ausführung bestimmt wurde. Die Reliefs am Unterbau von Alexander Calandrelli, M. Schulz, Karl Keil und Albert Wolff stellten Ereignisse aus allen drei Kriegen dar. Das Mosaik in der runden Halle von Anton v. Werner führte das Spannungsfeld zum »Erbfeind« Frankreich bis auf die Kämpfe der Gallier mit den Germanen zurück.

Die feierliche Einweihung des 1869 begonnenen Denkmals am 2. September 1873, dem Jahrestag von Sedan, entsprach im Überschäumen des Nationalismus sicher der Höhe der Baukosten: 1,8 Millionen Mark!

Daß die Gegner Preußens das Denkmal anders sahen, artikulierte der Franzose Victor Tissot: »Beim Verlassen des Brandenburger Tores hat man eine riesige Grünfläche vor sich, den ›Tiergarten‹, über dem eine Art Würgeengel mit großen vergoldeten Flügeln schwebt, der mehrere Zentner wiegt. ... Aber wenden wir uns von diesem Denkmal ab, ... das selbst die Sieger zu dem Eingeständnis gebracht hat, das dieses ›Kunstwerk‹ so recht dazu beiträgt, die Hauptstadt häßlicher zu machen.« (73, S. 258)

Die Lage nördlich des Königsplatzes beschrieb Emil Dominik rückblickend im Jahre 1883: »Nördlich vom Königsplatz ... ist auf dem Terrain des alten Seegerschen und Kampfmeierschen Holzplatzes der prächtige ›Alsenstraßenstadttheil‹ errichtet. Das Generalstabsgebäude steht auf dem Terrain eines früher ›königlichen Holzplatzes‹. Bis vor wenigen Monaten erinnerten noch die alten Gebäulichkeiten von ›Seegerhof‹ in der heutigen ›Hindersinstraße‹ an die frühere Zeit, da Segerhof noch die Habermaaßische Meierei hieß, jetzt stehen mächtige Prachtbauten dort. Der Neubau des Reichstags wird die Umwälzung complet machen.« (74, S. 38)

Wenn auch hinsichtlich ihrer Länge eine kurze, war die Alsenstraße doch Berlins seinerzeit breiteste Straße.

Mit ihrer Anlage gelang eine beeindruckende städtebauliche Achse vom Humboldt-Hafen als Einmündung des Berlin-Spandauer Schiffahrtskanals über die Alsenbrücke und die Siegessäule bis zur kreuzenden Charlottenburger Chaussee. Der Neubau der 1851 für die Verbindungsbahn zwischen den Berliner Bahnhöfen angelegten – und 1875 benannten – Moltkebrücke in den Jahren 1864/65 hatte bereits die städtebauliche Symmetrie mit der Kronprinzenbrücke geschaffen.

Das mächtige Generalstabsgebäude am Königsplatz

1866 wurden die restlichen Straßen des Alsenviertels angelegt und später nach Militärs benannt. Damit hatte der Generalstab ein würdiges Umfeld – preußische Militärs, der Schlachtort Alsen von 1864 und Bismarck. Und das »gehobene Bürgertum« fand ein exklusives Wohnviertel, bebaut ab Mitte der sechziger Jahre von Berlins bekanntesten Architekten, wie Ende & Böckmann, Hude & Hennicke, A. Lohse und immer wieder F. Hitzig.

Die Argumentation der Gegner eines Reichstagsbaues am Königsplatz war also hinsichtlich seiner Abgelegenheit doch zu relativieren. Neben der Wohnbebauung war im »Alsenviertel« auch das sowohl politisch wie städtebaulich nicht gerade untergeordnete Generalstabsgebäude entstanden. Dieses lag mit der 90 Meter langen Hauptfront am Königsplatz, mit den Seitenflügeln nach der Moltke- und nach der Herwarth-Straße. Der Bau nach Entwürfen von Ferdinand Fleischinger wurde im Herbst 1867 begonnen und im Frühjahr 1871 vollendet.

»Eine Erweiterung der Anlage bis zum Umfange des ganzen Bauviertels war bereits beim Entwurf berücksichtigt worden; die Nothwendigkeit zu einer solchen Erweiterung hat sich durch den französischen Krieg schon jetzt herausgestellt, und es ist ein bezüglicher Neubau nach dem Entwurfe des Bauinspektors Goedeking, gegenwärtig (1877/d.V.) in der Ausführung begriffen.« (69, S. 273f)

Die »Remilitarisierung« des ehemaligen Exerzierplatzes, seit den Befreiungskriegen bis zu Lennés Umgestaltung nur noch gelegentlich für Paraden genutzt, ließ eine aufmerksame internationale Öffentlichkeit natürlich recht differenziert urteilen.

Der Hausherr dieses monumentalen Baues, der nachgerade legendäre Feldmarschall v. Moltke, verfolgte das Geschehen in seiner Nachbarschaft zwar unauffällig und ohne öffentliche Äußerungen, aber mit Interesse. Er ließ es sich dann 1883 natürlich nicht nehmen, den neuen »Nachbarn« wenigstens im Modell, das als Arbeitsgrundlage für die Modifikation des Wallotschen Entwurfes diente, zu besichtigen: »Der berühmte Feldherr nahm vor den verschiedenen Fronten kurze Aufstellung, warf einen scharfen Blick auf das Modell und ging weiter, ohne daß ein Wort oder ein Zug des Gesichtes den Eindruck, den ihm das Modell machte, auch nur angedeutet hätte. Dachte der Marschall vielleicht an die Schicksale seines Generalstabsbaues, dem jetzt eine solche Nachbarschaft gegeben werden soll? Das Material, aus welchem das Modell hergestellt wurde, wirkt entschieden ungünstig, der weiße Gyps entlockt in seiner Ähnlichkeit mit Tragant jedem Beschauer einen unvermeidlichen Ausruf: wie vom Konditor.« (76)

Hier also, zwischen dem Grün des Tiergartens, Vergnügungsetablissements, einem Wohnviertel der besseren Gesellschaft, dem martialischen Generalstabsgebäude und im Angesicht der Siege von 1864, 1866 und 1871 sollte der Reichstagsbau mit der Stadt im Rücken entstehen.

Der Reichstags-Wettbewerb von 1872

Drei Wochen nach der historischen Reichstagssitzung ließ die Regierung die Ausschreibung am 16. Dezember 1871 im Organ des Architektenvereins »Deutsche Bauzeitung«, also nicht in einem Regierungsblatt, veröffentlichen. Damit setzte einer der größten Bauwettbewerbe in der deutschen Geschichte ein.

Da die Jurymitglieder im vorhinein benannt werden mußten, war die Baukommission zur Eile gezwungen, denn als Einsendeschluß war der 15. April 1872 vorgesehen. Aus Berlin wurden Lucae und Hitzig benannt, Strack selbst wollte am Wettbewerb teilnehmen. Wien sollte durch Friedrich Schmidt, Köln durch Vincenz Statz und München durch Gottfried v. Neureuther vertreten sein. Der berühmteste Preisrichter war Semper, an dessen Person sich die Debatte um die Frage »Was ist ein deutscher Architekt?« im Streit um die Internationalität des Wettbewerbs orientiert hatte: Gebürtiger Hamburger, eigentlich Altonaer, bekannt geworden als Dresdner Architekt, dann zur »persona non grata« erklärter Barrikadenkämpfer von 1848 im Exil, hatte er schließlich in Zürich und Wien eine zweite Karriere durchlaufen. Als Bildhauer war Friedrich Drake, Schöpfer der Viktoria auf der Siegessäule, in die Jury aufgenommen worden.

Auf Beschluß der Reichstagsbaukommission wurden die eingereichten Arbeiten, das Verzeichnis nennt 101 Entwürfe mit 859 Blättern von 122 Verfassern, ab 2. Mai 1872 in der Akademie der Künste, Unter den Linden, öffentlich ausgestellt.

Wie nicht anders zu erwarten, kam eine große Anzahl der Entwürfe aus Berlin, u.a. von August Orth, Hermann Spielberg, den Architektenbüros Strack & Herrmann, Ende & Böckmann, Gropius & Schmieden und Kayser & Groszheim sowie dem Bildhauer Theodor Milczewsky. Außerdem hingen in der Akademie Entwürfe von Oskar Sommer aus Frankfurt, von Ludwig Bohnstedt aus Gotha, von Josef Durm & Heinrich Lang aus Karlsruhe, vom Büro des Sohnes von Josef Weinbrenner aus Mannheim, von Mylius & Bluntschli aus Frankfurt und von Georg Adolf Demmler, der das Arsenal und das Residenzschloß in Schwerin gebaut hatte. Später wurde er sozialdemokratisches

»Selbst auf das amtliche Zeugnis eines Irrenarztes hin, würde ich nicht an die Zurechnungsfähigkeit seines Urhebers glauben ...«
Der Entwurf von F. Gösling

Siegesentwurf von Ludwig Bohnstedt im Wettbewerb von 1872, der jede Übersteigerung in der Höhenentwicklung vermied

Mitglied des Reichstages und dadurch geehrt, daß die Berliner politische Polizei ihn bis an sein Lebensende überwachte. Die »Deutsche Bauzeitung« bemerkte, daß nur sehr wenige Architekten der Hannoverschen Schule oder aus Hamburg und Württemberg vertreten waren. Vorbehalte gegenüber der Reichsidee waren sicher naheliegend.

Aus dem Ausland kamen annähernd 30 Entwürfe von 40 Architekten. Am zahlreichsten waren die Engländer mit 15 Entwürfen vertreten, wie Emerson und Edis, sowie Vater und Sohn Scott. Aus Österreich kamen sieben Entwürfe, allerdings waren die bekanntesten Vertreter der Wiener Schule – Hansen, Ferstel und Hasenauer – nicht dabei, Schmidt und Semper saßen in der Jury. Aus Ungarn beteiligte sich Imre Steindl, der später durch das neogotische Parlamentshaus in Budapest berühmt wurde. Die Franzosen übten, wie mancher Kritiker meinte, »weise Zurückhaltung« und schickten nur drei Entwürfe von Architekten mit zumeist deutschen Namen. Einige wenige Entwürfe stammten aus Holland, Italien und den Vereinigten Staaten.

Als Gruppe haben die englischen Architekten die meiste Prügel einstecken müssen. »Was Scott, Emerson, Wilkinson und andere uns... vorführen, ist im Machwerk bewundernswert und findet auf der Ausstellung kaum seinesgleichen... doch kein englischer Architekt scheint eine Ahnung davon zu haben, daß ein Bauwerk ein Organismus ist, in welchem die äußere Gestalt sich aus dem inneren Wesen entwickelt«. (34)

Und natürlich haben die Berliner Kritiker alles, was ihnen gegen die Vertreter der »alleinseligmachenden Gotik« einfiel, diesen auch entgegengesetzt. Sie sahen in dem Wettbewerb vornehmlich einen Kampf zwischen der Berliner Schule und dem »Rest der Welt«. Einig war man sich aber in der Bewertung des Entwurfes von Friedrich Gösling aus Pyrmont, offenbar bot und bietet sich in jedem Wettbewerb ein Spottopfer an: »Wenn Friedrich Gösling zu den Zeiten Dschingis Khans gelebt und für ihn nach der Rückkehr von seinen Raubzügen auf den Steppen der Kirghisei diesen Palast erbaut hätte, würde man sein mildes Genie noch heute verehren, aber Friedrich Gösling lebt heute und das Heute ist oft sehr undankbar.« (36)

Es fällt auf, daß der erste Nichtberliner Entwurf, der in den Fachblättern behandelt wurde, von dem Gothaer Ludwig Bohnstedt stammte. Man bescheinigte ihm eine »sehr schöne, feine und künstlerische Wirkung ... Das Gebäude hat einen überaus festlichen Charakter, sehr reiche und geschmackvolle Formen, die etwas voller und üppiger gehalten sind, wie in den bisher erwähnten Entwürfen.« (213) Ein anderer Kritiker schrieb, daß dieser Entwurf »sich hoch aus dem Gewimmel der allgemeinen Mittelmäßigkeit erhebt... und die besseren von den übrigen noch um Haupteslänge überragt«. (214)

Am letzten Tag der Ausstellung trat die Jury zur ersten von fünf Beratungen zusammen. Es galt von den 19 Stimmen der Jurymitglieder, die absolute Mehrheit auf einen Entwurf zu vereinigen. Schon am ersten Tage hatte man einen vollkommenen Rundgang gemacht, bei dem etwa 60 bis 70 Entwürfe durchfielen. Zuletzt gab es drei Abstimmungen. Im ersten Durchlauf bekamen Ende & Böckmann keine Stimme, Kayser & Groszheim neun, Scott vier, Mylius & Bluntschli eine und Bohnstedt fünf Stimmen. In der zweiten Abstimmung erhielten wiederum Kayser & Groszheim neun und Scott vier, Mylius & Bluntschli aber keine und Bohnstedt sechs. Im dritten Durchgang geschah etwas Unvorhersehbares. Kayser & Groszheim bekamen wieder neun Stimmen, die vier Stimmen von Scott aber gingen an Bohnstedt, der mit zehn Stimmen den Wettbewerb gewann. Am 7. Juni wurde das Wettbewerbsergebnis in der Presse und im Reichstag offiziell bekanntgegeben.

Fast zehn Jahre später wurde von Julius Lessing, dem Direktor des Kunstgewerbemuseums, behauptet, daß hier gemauschelt worden sei: Es habe einen Kampf zwischen den Berlinern und den Neogotikern gegeben, und deshalb hätten diese ihre Stimme dem Nichtberliner Bohnstedt gegeben. Von keiner Seite der Jury ist diese Interpretation je dementiert worden.

Bohnstedt reagierte bescheiden: »Daß mein Entwurf bei der Konkurrenz den Preis erhalten, fass ich einfacher, das heißt, mehr als einen glücklichen Zufall auf.« (215, S. 34). Allerdings hat er den Preis hoch bewertet. Und die »Gartenlaube« bezeichnete ihn als »Des Reiches Ersten Baumeister«, seine Heimatstadt veranstaltete ihm zu Ehren einen Fackelzug, und einer seiner Mitarbeiter sprach von dem »besten Entwurf, der ihm je gelungen und dem höchsten Sieg, der ihm je geworden ist. ... Es waren diese ersten Wochen und Monate, die dem Spruch des Preisgerichts folgten, wohl die glücklichsten in Bohnstedts Leben.« (215, S. 34)

Bohnstedt hatte zum Zeitpunkt des Reichstagswettbewerbs eigentlich nur in Gotha, wo er 1863-68 als Senator für Bauwesen im Stadtrat war und dann als freier Architekt arbeitete, und in St. Petersburg einen Namen. In der russischen Hauptstadt war er als Sohn eines ausgewanderten Stralsunder Kaufmannes am 27. Oktober 1822 geboren worden. Von 1839 bis 1841 hatte Bohnstedt im Atelier von Wilhelm Stier in Berlin eine solide praktische Ausbildung genossen, nebenbei war er Gasthörer an der Universität in Geschichte und Naturwissenschaften und externer Student an der Bauakademie und an der Akademie der Künste.

Im Februar 1850 nahm Bohnstedt die bayerische Staatsangehörigkeit an. Der am 9. Oktober 1846 zum »Akademiker« graduierte Privatarchitekt war bis zu seiner Übersiedlung 1863 nach Gotha in St. Petersburg überaus erfolgreich, 1851-53 stand er auch im Staatsdienst. Binnen vier Wochen avancierte er 1858 zum Hofrat und zum Professor. Seine Bauten standen nicht nur in Petersburg und Umgebung, sondern auch in Moskau und Riga. In Eisenach baute er die Villa (Fritz) Reuter, in Nordhausen die Villa Kneiff. Seine Wallfahrtskirche S. Torquato Guimeraes in Portugal blieb aus finanziellen Gründen unvollendet. Schon vor dem Reichstagswettbewerb hatte Bohnstedt in Berlin mit der Beteiligung am Rathauswettbewerb (1858) und einem Entwurf für die Thomaskirche (1862) vergeblich versucht, Fuß zu fassen.

Aus Bohnstedts Freude sollte bald eine nachhaltige Enttäuschung werden. Die »nationalen« Kräfte im Architektenverein ließen nicht locker gegen den Entwurf zu Felde zu ziehen. Zwar wurde er von einer breiten Öffentlichkeit akzeptiert und Kupferstiche der Hauptansicht erschienen mit dem Titel »Der ausgeführte Reichstag«. In gewisser Weise entsprach gerade die äußere, offen einladende Gestaltung einem bürgerlich-liberalen Demokratieverständnis. Aber ein in Rußland geborener bayerischer Staatsbürger im Dienst eines deutschen Kleinstaates konnte doch nicht der Schöpfer des Jahrhundertbaues in Berlin sein. Was aber wäre nach dem Sieg z.B. eines Franzosen gewesen?

Die weitere Entwicklung ist kein besonders rühmliches Blatt in der Geschichte des Reichstages. In den Sitzungen vom 10. bis 12. Juni 1872 wurde endgültig deutlich, daß es unmöglich war, über den vorgesehenen Bauplatz zu verfügen. Die Reichstagsbaukommission mußte von vorn mit der Bauplatzsuche beginnen.

Bohnstedts ungeliebter Entwurf wurde offiziell wegen der Bauplatzschwierigkeiten und der Unvollkommenheiten des Bauprogramms zu den Akten gelegt. Noch zehn Jahre später glaubte er ein Anrecht auf die Ausführung des Baues zu haben. Bereits 1873 hatte er an Bruno Meyer geschrieben: »Das was man in Berlin durchzusetzen beabsichtigt, eine neue Concurrenz, halte ich persönlich für eine Übereilung, an welcher ich mich nicht betheiligen dürfte. Wäre es nicht richtiger mich erst mit der Umarbeitung meines Entwurfes entsprechend den neuen Erfordernissen, ... zu betrauen, und dann erst, wenn meine umgearbeiteten Zeichnungen solche Mängel ergeben, daß gegen deren Ausführung Bedenken erwachsen, eine neue Concurrenz ausschreiben.« (38, S. 119 f) Bohnstedts Beteiligung am zweiten Wettbewerb mit einem geringfügig modifizierten Duplikat seines Siegesentwurfes von 1872 war nur noch Formsache. Bohnstedt starb 1885, von seinem Beruf hatte er sich schon längere Zeit zurückgezogen.

Es gab noch einen Architekten, dem die Teilnahme an dem Wettbewerb nur Enttäuschung brachte: Martin Gropius, Erbauer des provisorischen Reichstages und des Kunstgewerbemuseums in Berlin. Fraglich ist aber, gemessen an seinen späteren Erfolgen, ob ihn die Niederlage so schwer getroffen hat, »daß er in der nun folgenden Zeit den festen Boden unter den Füßen zu verlieren schien und wahrscheinlich nur von seinem Freund und Mitarbeiter Heino Schmieden daran gehindert wurde, das Feld der repräsentativen Baukunst anderen zu überlassen.« (25, S. 110 f)

Reichenspergers naßforsches Resümee zum Wettbewerb mußte nicht nur auf Bohnstedt und Gropius wie Hohn wirken: »Was haben wir da gesehen? War das nicht wieder dasselbe alte Konfusorium? Aus aller Herren Länder, aus allen Stilen war da irgend etwas zu sehen, mit mehr oder weniger Verstand kombinirt oder durcheinander geworfen, bald ein Stück vom Louvre mit einem enormen Säulengang, in welchem wir uns im Winter der frischen Luft aussetzen sollten. (Heiterkeit). Dann etwas Wiener oder Berliner Börse oder beides durcheinander«. (40)

Der lange Weg zum Bauentwurf
Zwischen Raczynski und Kroll

Die nach dem Wettbewerb von 1872 folgende Zeit bis einschließlich 1883 ist in der Geschichte des Reichstagsgebäudes einer der interessantesten Abschnitte. Wenn sich der Reichstag am Ende dieser zehn Jahre auch erneut auf das Raczynskische Grundstück einigte, so gab es zwischenzeitlich ernsthafte Bemühungen um andere Standorte. Eigentlich begann alles von vorn: das anvisierte Grundstück war nicht zu haben, der passende Bauentwurf blieb architekturgeschichtliches Dokument und politische Makulatur.

Die Reichstagsbaukommission begann ihre Suche im Herbst 1872 erst einmal wieder bei Raczynski. Aber das Reichskanzleramt schrieb im September, daß Raczynski auch bei dem bisher letzten Einigungsversuch am 9. August definitiv abgesagt habe. Was aber bis heute nie an die Öffentlichkeit gelangt ist: Es gab vom 24. November 1871, der Bestätigung durch den Reichstag für diesen Standort, bis Ende Januar 1872 sehr intensive Verhandlungen hinter den Kulissen, die parallel auch das Reichskanzleramt führte. Am Ende stand das Angebot eines äquivalenten Tauschobjektes für den Grafen. Dieses existierte aber nicht – noch nicht mal ein akzeptabler Ersatz-Standort. Die Regierungsbehörden gaben schließlich den Druck auf Raczynski ob der Aussichtslosigkeit auf und konzentrierten sich im Frühjahr 1873 auf das gegenüberliegende Etablissement Kroll.

Zu verdanken hatten die Berliner dieses riesige Gartenlokal ihrem König. Nach einem Festbankett im 1837 erbauten Krollschen Wintergarten in Breslau am 15. September 1841 lockte Friedrich Wilhelm IV. den Inhaber Joseph Kroll nach Berlin und verhalf ihm zu günstigen Startbedingungen, damit solch prächtiges Etablissement auch die Hauptstadt schmücke.

Die Person des Architekten läßt des Königs Interesse erkennen – kein geringerer als der königliche Baumeister Ludwig Persius lieferte den Entwurf und Eduard Knoblauch, später berühmt durch die Neue Synagoge in der Oranienburger Straße, leitete den Bau. Die Eröffnung am 15. Februar 1844 wurde zum gesellschaftlichen Ereignis der Residenz. Abgesehen von der wahrhaft »königlichen Pracht« imponierten auch die Dimensionen – die Lokalitäten konnten 5000 Gäste gleichzeitig beherbergen. Mit Bällen und Konzerten – im Herbst 1845 unter Leitung von Johann Strauß d. Ä. – und besonders den Sommergärten war Kroll beliebtes Ausflugsziel. Ein der Wirtschaftlichkeit förderliches Stammpublikum konnte Kroll dadurch aber nicht gewinnen. Das Etablissement agierte immer am Rande des Bankrotts. Erfolgreicher schien Krolls Schwiegersohn Jacob Engel zu sein, der versuchte das nach einem Brand am 1. Februar 1851 durch Eduard Titz in neuer Pracht errichtete Etablissement dem Reichsamt des Inneren als Reichstags-Baugrundstück anzutragen, aber die Entscheidung war 1871 zugunsten Raczynskis gefallen.

Ein nunmehr ministerielles Angebot an Krolls Erben scheiterte jedoch, das Grundstück war inzwischen auch für Bauspekulanten interessant geworden. Ohnedies votierte der Reichstag am 17. Mai 1873 in namentlicher Abstimmung mit 152 zu 87 Stimmen gegen Kroll. Der Abgeordnete Graf zu Münster war der Meinung, daß der Platz der Kroll-Oper nicht würdig sei für ein Reichstagsgebäude: »... sage mir, wo du wohnst, und ich sage dir, wer du bist (Heiterkeit).« Den zumindest künstlerisch zweifelhaften Ruf des Etablissements bestätigte der sicher unvoreingenommene russische Schriftsteller Dostojewski nach einem Besuch im Juni 1874: »Dieser Garten ist der allerschrecklichste Ekel, aber es war eine Unmenge Publikum da, und die Deutschen gehen da mit Wonne spazieren. Für meine 10 Groschen Eintrittsgeld hatte ich das Recht, das Theater zu betreten. ... und da geben sie nun, kannst Du Dir das vorstellen? ›Robert der Teufel‹ (von Giacomo Meyerbeer/d. V.). Ich hörte nur die Hälfte des 1. Aktes an und entfloh dann vor den entsetzlichen deutschen Sängern geradewegs nach Hause«. (45, S. 426) Anderen Abgeordneten war der beschwerliche Weg durch Matsch und Schlamm zu weit. »Wir können nicht verlangen, daß die nach uns kommenden alten Männer Deutschlands in Schnee und Wetter den weiten Weg nach Kroll gehen.« (216)

Im Sommer und Herbst 1873 ging die Kommission endlich systematisch vor und prüfte 56 Standorte, die durch Bauspekulanten, Petitionen, Politiker oder Architekten genannt worden waren. Der markanteste Platz war sicher das Alsenviertel, blockiert aber durch testamentarische Verfügungen Friedrich Wilhelms IV., und der Königsplatz. Das Lenné-Dreieck am Potsdamer Platz, das Herrenhaus und der provisorische Reichstag, die Artilleriekaserne Am Weidendamm/Am Kupfergraben, Schloß und Schloßpark Monbijou und natürlich das Abgeordnetenhaus Leipziger Str. 75 galten ebenfalls als erste Wahl.

Am Ende konnte die Kommission »nicht umhin, die Erklärung auszusprechen: daß sie nach eingehender Erwägung aller in Betracht kommenden Verhältnisse... in erster Linie das früher bereits vorgeschlagene Krollsche Etablissement auch jetzt noch als für den vorliegenden Zweck als am geeignetsten ansieht.« (217) In der diesem Bericht folgenden Debatte am 25. Februar 1874 verfiel der Krollsche Platz wiederum der Ablehnung, allerdings nur knapp mit 130 gegen 120 Stimmen. Eugen Richter, der Führer der Fortschrittspartei, überlieferte aus dem Foyer die »Parole« der Reichstagsabgeordneten: «Ich krolle nicht, und wenn das Herz auch bricht.« (46, S. 63)

Der Presse brach zwar nicht das Herz, aber ihr riß der Geduldsfaden stellvertretend für die Öffentlichkeit. In der »Nationalzeitung« vom 26. März 1874 beschuldigte man sogar die Reichsregierung, ihre Pflichten versäumt zu haben. Die Reichstagsbaukommission wurde erneut beauftragt, die Bauplatzfrage zu lösen. Die Öffentlichkeit erfuhr über ihre Tätigkeit bis zum Februar 1876 nichts, spöttisch nannte man sie »Todtenkommission«. Doch hinter verschlossenen Türen geschah einiges. Graf Raczynski starb am 21. August 1874 in seinem umkämpften Hause am Königsplatz. Staatsminister Delbrück erhielt umgehend am 18. September die kaiserliche Ermächtigung für Verhandlungen mit dem Sohn Carl Eduard Nalecz v. Raczynski in Dresden. Dieser winkte ab. Das wiederum war ein Signal für den Kaiser, endlich seinen Willen durchzusetzen.

Aus Gründen, die bis heute ungeklärt sind, versuchte Wilhelm die Entscheidung zugunsten des Krollschen Grundstücks zu forcieren und seinen »Allerhöchsten Willen« dem Reichstag aufzuzwingen. Der Kaiser befragte Bismarck am 23. November brieflich über dessen Meinung. Der Kanzler trug alle Gründe für die bisherige Ablehnung Krolls zusammen und legte dem Kaiser nahe, sich diesen anzuschließen. Dieser blieb stur und merkte nur an: »Da ich allerdings nach nochmaliger Erwägung über die gemachten Bedenken hinwegsehe, so ist nebenstehendem Antrage nunmehr Folge zu geben und mir derselbe nach Berathung im Preuß. Staatsministerium vorzulegen. W.1.12.75.« (47, S. 66f) Wilhelms Ungeduld sollte noch wachsen. Er befahl, ihm die Vorlage zugunsten Krolls zu Beginn der Sitzungsperiode Ende Oktober 1875 vorzulegen. Im Parlament aber wuchsen Widerstände solcher Größenordnung heran, daß es endlich auch den Monarchen empfindlich treffen mußte.

Im Januar 1876 kam die Vorlage vor den Bundesrat, der sie dank seiner preußischen Mehrheit ohne viel Aufhebens passieren ließ. Doch als sie nun dem Reichstag zuging, war sie von vier konkurrierenden Anträgen gegen Kroll begleitet. Der Kaiser stand mit seinem Wunsch auf verlorenem Posten, als Antrag Preußens fiel er am 7. Februar durch und die Arbeit der Kommission wurde abgeschlossen.

Es ist sicher nicht falsch, hinter dieser Kontroverse andere Motive zu vermuten. Wilhelms Entscheidung, dem Reichstag das Grundstück von Kroll aufzuzwingen, fällt in eine Zeit, in der das Parlament mit seiner Opposition zum Septenat – siebenjähriger Militärhaushalt – die »Grundfesten seiner soldatischen Würde« untergraben wollte. Dem Reichstag, so zitiert Stürmer den Kaiser, »werde zum Bewußtsein gebracht werden müssen, daß er sich verirrt habe und daß seine Macht nicht über gewisse Grenzen hinausreiche.« (48, S. 131ff) Er sprach gleichzeitig von den »Gefahren der Nachgiebigkeit gegen parlamentarische Versammlungen«. Der Reichstag seinerseits hatte in diesen Konflikten etwas von seiner Macht gespürt.

Das Plenum beschloß, eine neue Kommission zur neuerlichen Bauplatzfindung zu wählen. In diese Kommission wurden keine Mitglieder des Bundesrats, sondern lediglich Reichstagsmitglieder gewählt. Diese Kommission war jedoch so gut wie unwirksam, teils, weil der Reichstag bereits im Januar 1877 aufgelöst wurde, teils, weil er danach mit den Sozialistengesetzen etc. alle Hände voll zu tun hatte.

Erst im Juli 1879 stand die Frage eines Bauplatzes wieder zur Debatte und damit Raczynski. Ein Vertragsentwurf vom 15. März 1879 sah den Verkauf des Palais – das Grundstück gehörte der Krone und konnte nicht veräußert werden – an das Deutsche Reich zu einem Preis von 1,1 Millionen Mark vor. Im Sommer 1877 begannen Gespräche zwischen dem preußischen Gesandten in Sachsen, Graf Solms-Sonnewalde, und Raczynski jun. ohne Hinzunahme eines Vermittlers.

Diese Verhandlungen waren sehr langwierig. Raczynski verlangte 3 Millionen Mark, aber das Reich konnte den Preis schließlich auf 1,1 Millionen Mark drücken. Da Raczynski das Palais als Stiftungseigentum überhaupt nicht zum freien Verkauf anbieten durfte, einigte man sich auf folgendes Verfahren: Das Reich enteignet das Gebäude und zahlt hierfür eine Entschädigung von 1,1 Mio. Mark. Die Raczynskis legten keinen Einspruch gegen diese Enteignung ein. Wo kein Kläger ist, ist auch kein Richter.

Die Bauplatzfrage schien jetzt endlich geklärt – doch weit gefehlt. Nach Veröffentlichung des Vertragstextes entwickelte sich eine Kontroverse unter den Architekten. Der Stadtbaurat für Hochbau, Hermann Blankenstein, der in 24 Jahren Amtszeit das Gesicht der Stadt mit über 100 Schulen, den Markthallen und dem Viehhof sowie großen Krankenhauskomplexen und Sozialbauten nachhaltig geprägt hatte, schrieb am 3. Mai 1879 einen Beitrag für das »Wochenblatt für Architekten und Ingenieure« gegen die Wahl des Raczynski-Grundstücks. »Die Raczynskische Gebäudegruppe, eine Lieblingsschöpfung des kunstsinnigen Königs Friedrich Wilhelm IV. und eins der frühsten Meisterwerke unseres Stracks, nimmt ... einen hervorragenden Rang in der Architektur Berlins ein und gereicht seinem Platz zur hohen Zierde. Eine solche Gruppe sollte man ohne die zwingendsten Gründe nicht zerstören ... Da man aber Niemandem zumuthen kann, der blossen Monumentalität wegen um das Gebäude herumzugehen, so wird irgendein untergeordneter Eingang der wirklich benutzte werden und Berlin wird wieder um ein Gebäude bereichert mit einem grossartig angelegten Treppen- und Portalbau, welchen Niemand betritt.« (218) Blankenstein plädierte für den Reichstag auf der Nordseite des Platzes zwischen Moltke- und Roonstraße.

Ludwig Bohnstedt schrieb Ende Mai 1879 einen Brief an die Mitglieder der Reichstagsbaukommission, in dem er verständlicherweise entschieden gegen Blankenstein und für die Errichtung des Reichstagsgebäudes auf dem Raczynskischen Grundstück eintrat. Unter den Mitgliedern des Architektenvereins war ebenfalls hinsichtlich des Bauplatzes und der Teilnahmebedingungen eines neuen Wettbewerbs keine Einigkeit zu erzielen. Auch die alten Ressentiments zwischen freien und beamteten Architekten wirkten noch immer.

Am 26. Juni und am 10. Juli 1879 kam es im Reichstag wieder zu großen Debatten über die Standortfrage. Es war unglaublich – nun lehnte der Reichstag das Raczynskische Grundstück ab und beauftragte die Reichsregierung erneut mit der Prüfung des nördlichen Standortes! Mehr als zwei Jahre wurde im Reichstag von der Angelegenheit nicht mehr gesprochen.

Aus grundsätzlichen Erwägungen hatte der Finanzexperte Eugen Marcard solchen »Luxusbau vorderhand« ausdrücklich abgelehnt: »Ich bin der Meinung, daß wir hier in diesem Hause gut untergebracht sind ... Unsere Zeit ist freilich sehr monumentenlustig und sie baut sogar Denkmäler für Nichtgeschehenes, wie z.B. das Denkmal in Harzburg für das Nichtgehen nach Kanossa. ... wir haben ein neues Reichstagsgebäude nicht nöthig, wir sind nicht so reich, einen Luxusbau zu errichten, unsere Kunst, wie sie dermalen ist, obgleich ich gerne anerkenne, daß auch hier ein Umschwung zum Besseren besteht, würde kaum etwas anderes zu Stande bringen als ein Monument von unserer Zeitenarmuth.« (219)

Bismarck, ohnehin von der Aufmüpfigkeit des Reichstages irritiert, begann seine Ungeduld zu zeigen. In der Sitzung am 15. März 1881 drohte er: »Ich habe mich immer dem Gedanken nicht verschließen können, daß der Reichstag und die Zentralbehörden besser in einer anderen, weniger bevölkerten Stadt als Berlin ihren Sitz erhielten. Da würden wir dann ja sehen, ob Berlin demzufolge eine große Erleichterung empfände.« Damit auch dem letzten Hinterbänkler klar wurde, was er meinte, äußerte er am 29. April: »Die politischen Nachtheile, die mit dem Tagen des Reichstags in Berlin verknüpft sind, auseinanderzusetzen, dazu würde ich von der Sache noch weiter abweichen müssen wie die Vorredner. Sie bestehen, kann ich hier nur sagen, nicht bloß in der äußerlichen Gefährdung der höchsten Behörden und des Reichstags, sondern noch mehr in dem Einfluß, welchen das Tagen an einem Ort von mehr als einer Million Bevölkerung schließlich durch die Bequemlichkeit, hier zu wohnen, auf die Wahlen, also auf die Zusammensetzung des Reichstags übt, welche aufhört, die Zusammensetzung des Volkes richtig wiederzugeben, ... wir haben jetzt zu viele Berliner im Reichstage, (Heiterkeit) und es ist ja auch natürlich, denn sie brauchen keine Reisen zu machen und brauchen sich ihrer sonstigen Beschäftigung nicht zu entziehen«. (220)

Das waren Winke mit dem Zaunpfahl, die Zeit für Katz-und-Maus-Spiel war vorbei. Und der Magistrat spurte zuerst. Schon am 23. August übereignete die Stadt Berlin dem Deutschen Reich unentgeltlich Straßenterrain um den künftigen Bauplatz.

Am 13. Dezember 1881 votierte der Reichstag ohne namentliche Abstimmung mit einfacher Mehrheit für den Vertrag zwischen dem Deutschen Reich und dem Grafen Raczynski. Mit dem letzten juristischen Akt am 26. Februar 1883 zur Entschädigung der Raczynskis war die Bauplatzfrage nach zwölf Jahren gelöst, ein zweiter Wettbewerb konnte ausgeschrieben werden.

Der Wettbewerb von 1882

Der zweite Reichstagswettbewerb unterschied sich in vielen Punkten vom vorangegangenen. Das Grundstück war kleiner geworden. Während es für den ersten Wettbewerb 150 x 115 Meter maß, war es jetzt auf 135 x 96 Meter geschrumpft. Ursache waren die Rücksicht auf den Abstand zur Siegessäule sowie die Verlegung von Nebenfunktionen außerhalb des Reichstagsgebäudes wie die Präsidenten- und Direktorenwohnungen, Festsäle, Stallungen und Heizungsanlage. Arbeitsgrundlage für die Kommission war ein detailliertes Papier des Reichstagsdirektors Oskar Knaack mit Vorgaben für wünschenswerte Raumgrößen. Der Plenarsaal war aus akustischen Gründen in der gleichen Größe wie beim provisorischen Reichstagsgebäude vorgegeben.

Als Vorsitzender der neuen Reichstagsbaukommission fungierte Heinrich v. Boetticher (Staatsminister, Präsident des Reichskanzleramtes und des Reichsamtes des Innern), ihr gehörten u.a. auch Albert v. Levetzow (Reichstagspräsident) und Max v. Forckenbeck (Oberbürgermeister von Berlin) an. Zur ersten Sitzung am 9. Januar 1882 erschienen zusätzlich der Vortragende Rat im Reichsamt des Innern, Rudolf Arnold Nieberding, und der Architekt und Architekturhistoriker Friedrich Adler. In dieser Sitzung wurde eine Subkommission mit der Ausarbeitung des Bauprogrammes beauftragt. Zu ihr gehörten neben Adler und Nieberding die Architekten August Busse, Hermann Ende und Reinhold Persius. Bereits am 29. Januar 1882 konnte die »Nationalzeitung« das Programm veröffentlichen, die amtliche Drucklegung erfolgte am 2. Februar. Am 18. Februar wurden die Namen der Jurymitglieder bekannt gegeben: Die Architekten Adler und Persius (beide Berlin), Joseph v. Egle (Stuttgart), Ernst Giese (Dresden), Gottfried v. Neureuther (München), Friedrich Schmidt (Wien) und Vincenz Statz (Köln), sowie der Historienmaler Anton v. Werner. Nach Gieses Absage wurde Martin Haller (Hamburg) und für den erkrankten Neureuther Max v. Siebert aufgenommen.

Die Auswahl der Jurymitglieder war nicht zufällig: Der deutschsprachige Raum sollte insgesamt vertreten sein und die Prominenz der Jury prominente Teilnehmer anlocken. Von großer Bedeutung für diesen Wettbewerb war die Bedingung, daß neben den fünf Preisträgern der ersten Konkurrenz nur Architekten »deutscher Zunge« – nicht Staaten – zugelassen würden.

Anders als 1872 erfolgte die Juryarbeit vor der öffentlichen Ausstellung der Entwürfe. Diese fand diesmal in der Ausstellungsbaracke am Cantianplatz nahe dem Mehlhaus des ehemaligen Packhofes auf der Museumsinsel statt – es fehlten noch das heutige Bode- und das Pergamon-Museum. Die Ausstellung wurde außerordentlich gut besucht: »Was rennt das Volk, was wälzt sich dort durch überbrückte Gassen? Es strömt zum Cantianplatz fort, das Haus faßt kaum die Massen«. (53)

Ohne den Verlauf der Konkurrenz beeinflussen zu können, spielte der nie aufgegebene Anspruch Ludwig Bohnstedts, mit der Umarbeitung seines für den gleichen Standort 1872 siegreichen Entwurfes ohne erneuten Wettbewerb beauftragt zu werden, in der Presse weiterhin eine Rolle. Seine Briefe an offizielle Gremien waren ohne Erfolg geblieben. Ein Herr Meyer zu Waldeck schrieb im »Berliner Fremdenblatt« vom 8. Ja-

Wettbewerbsentwurf des Wieners Otto Wagner,
einer der wenigen Entwürfe ohne Kuppel und mit Zurückhaltung im plastischen Dekor

nuar 1882, daß die Berliner Architektenschule gegen Bohnstedt agiere: »Und zwar warum? Einzig und allein, weil er nicht der Berliner Schule angehört und ein Süddeutscher ist, der nicht in Berlin wohnt. Schon gleich nach der Verkündigung des Ausfalls der Konkurrenz machte sich in den Berliner Architektenkreisen ein Gefühl des Neides gegen diese hervorragende Leistung geltend und das Bestreben, die Ausführung derselben möglichst zu verhindern.« Als Beweis für die Bedeutung des Bohnstedtschen Projektes führte Meyer an, daß die Reichsregierung nur dessen Pläne für eine Ausstellung nach Moskau geschickt hatte, »was sie unzweifelhaft nicht gethan hätte, wenn sie nicht von der Ansicht ausginge, daß dieses Projekt in erster Linie zur Ausführung bestimmt sei.« (55)

Drei Tage später konterte K.E.O. Fritsch in der »Deutschen Bauzeitung«, »die Gehässigkeit, mit welcher mangels besserer Gründe der Architektenschaft der deutschen Hauptstadt ohne weiteres die niedrigsten persönlichen Motive untergeschoben werden, richtet sich selbst«. (56)

Der Wettbewerb hatte eine ungeheure Resonanz. Mehr als 800 Bauprogramme wurden angefordert, zwischen 186 und 194 Entwürfe mit mehr als 3000 Blatt Zeichnungen gingen ein. Die Namensliste der Teilnehmer ist allerdings unvollständig, viele Einsender gaben auch nach dem Wettbewerb ihre Identität nicht zu erkennen. Bekannt ist aber, daß die Entwürfe des Münchners Joseph Bühlmann und des Wieners Heinrich v. Ferstel bereits durch die Vorprüfung – Einhaltung der Ausschreibungsbedingungen – fielen. Ferstels Entwurf wurde bezeichnenderweise ausgeschlossen, weil er für die Rampenanlage die westliche Bauplatzbegrenzung überschritten hatte. Jahre später sollte Paul Wallot eben das gleiche tun, dann allerdings mit Genehmigung des Kaisers und der Baubehörde.

Die Jury trat zum ersten Mal am 17. Juni 1882 zusammen, ihre Entscheidung traf sie am 23. Juni. Zum Ergebnis vermerkte der Protokollant: »In der Abstimmung erhielt der Entwurf mit dem Motto ›Für Staat und Stadt‹ 19 von 21 Stimmen. Der versiegelte Umschlag wurde daraufhin geöffnet, und es stellte sich heraus, daß es der Architekt Paul Wallot aus Frankfurt am Main war.« (221)

Aber Wallot war nicht der einzige Preisträger erster Klasse, Thiersch gewann ebenfalls einen ersten Preis, allerdings erhielt er nur elf der insgesamt 21 Jurystimmen. Drei zweite Preise gingen an den Berliner Architekten Heinrich Seeling bzw. die Architektenbüros Kayser & Groszheim und Cremer & Wolffenstein; dritte Preise bekamen Giese & Weidner in Dresden, Hubert Stier in Hannover, sowie die Berliner Ludwig Schupmann, Busse & Schwechten und Ende & Böckmann.

Am 24. Juni, dem Tag der offiziellen Bekanntgabe, schickte Boetticher ein Telegramm an »Paul Wallot, Frankfurt am Main, Neue Mainzer Straße 22: jury fuer reichstagsbau hat ihnen einen ersten preis zuerkannt, brief folgt.« (58)

Wie Bohnstedt zehn Jahre zuvor war auch Wallot nur einem kleinen Kreis von Fachkollegen bekannt. Schon während seines Studiums an der Bauakademie von 1860 bis 1863 war er am 1. Februar 1862 Mitglied des Architekten-Vereins zu Berlin geworden. Zuvor hatte der am 26. Juni 1841 in Oppenheim/Rhein geborene Hugenottennachfahre und Sohn eines Weingutbesitzers 1856-59 die Höhere Gewerbeschule in Darmstadt besucht und kurzzeitig am Polytechnikum Hannover Maschinenbau studiert.

Von der Berliner Bauakademie wechselte Wallot an die Universität Gießen, wo er 1864 die Baumeisterprüfung ablegte. Es zog ihn aber wieder nach Berlin. Strack, Lucae, Hitzig und Gropius & Schmieden wurden seine Arbeitgeber und Lehrmeister. Man sagte ihm nach, daß er eine besondere Vorliebe für das Deckweiß hatte, mit dessen Hilfe Gropius' Entwürfe so viele Preise gewonnen hätten. Gurlitt schrieb: »Er war es, der für seine Meister die Perspektiven zu aquarellieren hatte. Er besaß nämlich über den reinen Architektursinn hinaus eine besondere Empfindung für plastische und malerische Wirkung ... Wallot entwirft perspektivisch.« (59, S. 8)

Nach einer ersten Reise – 1872 folgte die zweite – nach Italien und einem Aufenthalt in England ließ Wallot sich als Privatarchitekt in Frankfurt a.M. nieder, wo er zahlreiche Villen, Wohn- und Geschäftshäuser baute, ohne daß ihm der große Durchbruch gelungen wäre.

Wallot war nun über Nacht ein bekannter Mann geworden; er wurde als der bedeutendste Architekt Deutschlands gefeiert. Die süddeutschen Architekten würdigten den Sieg als die »Überschreitung der Mainlinie in der Baukunst.« Dagegen aus dem Hause Hohenzollern: »Der Spruch der Jury hat, wie ich heute aus sicherer Quelle vernahm, durchaus nicht den Beifall seiner k.u.k. Hoheit des Kronprinzen.« (63) Die unterlegenen Architekten trösteten sich mit dem Spruch »in magnis et voluisse sat est« – »Sehr Großes erstrebt zu haben, ist rühmlich!«.

Doch blieb der Wermutstropfen, daß wieder einem Nichtberliner ein erster Preis zuerkannt worden war: »Der Reichshauptstadt liegt bei diesem großen nationalen Werke jede lokale Eifersucht fern. ... Indessen waren einige unserer Berliner Künstler dem ersten Preis jedenfalls so nahe gekommen, daß die hohe Stellung, welche die Baukunst in der Reichshauptstadt errungen hat, würdig zum Ausdruck gekommen ist.« (60)

Die Ausstellung der Reichstagsentwürfe am Cantianplatz fand vom 28. bis zum 31. Juli 1882 statt. »Eine halbe Stunde genügte, um die langhingestreckten Galerien und Säle mit Scharen von Besuchern zu füllen, die ganze Architektenwelt Berlins war versammelt; Männer der Kunst und Wissenschaft wohin man sah, bekannte Gesichter. Die Spannung war groß und begreiflich, galt es doch dem Resultat jahrelanger ernsthaftester Arbeit. Die Physiognomie der Ausstellung ist so nüchtern wie nur möglich, sie wirkt nur durch die Fülle von Arbeit, welche sich hier ausbreitet, überwältigend. 189 Bewerber haben ihre Pläne eingeschickt, jeder Bewerber hat zehn Blatt zu liefern gehabt: Zwei perspektivische Ansichten vom Königsplatz und von der Sommerstraße aus, Situationsplan, die Fassaden, die Durchschnitte, die Grundrisse der Stockwerke. So sind hier nahezu 2000 Blatt beisammen, alle im gleichen vorgeschriebenen Maßstab. Alle nicht etwa flüchtige Skizzen, sondern Ergebnisse angestrengten Studiums und redlichen Fleißes, mit Tusche und Feder am großen Reißbrett. ... Die mit Preisen bedachten Arbeiten sind mit Lorbeerkränzen bezeichnet, die Namen der Künstler sind beigeschrieben, an den anderen zehn

Wettbewerbsentwurf von Friedrich Thiersch, mit einem ersten Preis Wallot nur in der Stimmenzahl unterlegen

Entwürfen prangt eine goldene Tafel mit der Aufschrift ›angekauft‹, auch hier sind die Namen genannt. Bei den übrigen Arbeiten ist die Namenlosigkeit gewahrt geblieben.« (60)

Anscheinend kann kein Wettbewerb ohne nachträgliche Zweifel an der Objektivität der Juroren beendet werden. Zu der besonders gegen Friedrich Adler gerichteten Pressekampagne trug sicher wesentlich bei, daß wie beim ersten Wettbewerb keine Begründung der Entscheidung gegeben wurde. Weder Adler noch der Jury insgesamt konnten Manipulationen nachgewiesen werden und insbesondere das Sprachrohr des Berliner Architektenvereins, das »Wochenblatt für Architekten und Ingenieure«, mußte sich korrigieren. Wallot traf erst am 4. Juli in Berlin ein, wo er sofort die Ausstellung besuchte, um dort mit Regierungsvertretern Gespräche über das weitere Vorgehen zu führen. Am 8. Juli ließ er sich im Restaurant im Zoologischen Garten feiern. Offenbar ausgiebig, denn er saß am nächsten Morgen »eben mit schwerem bleiernen Kopf« (66) am Bahnhof, wo er sich von Thiersch um 5 Uhr früh verabschiedet hatte. Nach dem Fest in der Heimatstadt Frankfurt a.M. am 15. Juli machte er sich auf eine Reise nach England und Frankreich, um die dortigen Parlamentsbauten aus der Nähe zu studieren. Wallots Arbeit hatte begonnen.

Wettbewerbsentwurf von Paul Wallot, der bis zur Einweihung gravierende Änderungen erfuhr

Paul Wallot und sein Entwurf

Wallot und der Reichstagsbaukommission war klar, daß der prämierte Entwurf in keiner Weise ausführungsreif war. So vergingen bis zur Grundsteinlegung fast zwei Jahre, und der Wettbewerbsentwurf war danach nicht mehr wiederzuerkennen.

Nach seiner Rückkehr Ende August 1882 erhielt Wallot einen Arbeitsraum im provisorischen Reichstag, wo ihm auch alle anderen Wettbewerbsentwürfe zur Verfügung standen. Die Umarbeitung ging offenbar zügig voran, denn bereits am 9. Oktober konnte er der Reichstagsbaukommission die neuen Entwürfe vorlegen.

Von seinem ersten Entwurf hatte Wallot vieles beibehalten: Die vier Höfe, die Dimensionen des Sitzungssaales und seine Lage und vor allem das Foyer mit geschwungener Freitreppe. Die Restauration war aber jetzt im Südwesten, um Platz für eine Vorhalle zu lassen, nördlich der Halle war ein Lesesaal eingeordnet. Zum Hauptkommunikationsweg wurde eine Halle für die Abgeordneten, die in der Verlängerung der Nord-Süd-Achse zu den Fraktionssälen führte. Die Bibliothek, die ursprünglich für dieses Geschoß vorgesehen war, befand sich nun eine Etage höher, nur ein Lesesaal blieb im Nordost-Eckturm, der zuvor für den Bundesrat bestimmt war. Dieser war jetzt im Südost-Eckturm anstelle der Registratur eingeordnet, die eine Etage tiefer rückte. Diese Raumordnung war schon überzeugender.

Aber nun begann ein Hürdenlauf, den sich Wallot wohl niemals hatte träumen lassen. Zunächst gingen seine Pläne an das Reichsamt des Innern, das für die Prüfung der Disposition und der Größe der Räumlichkeiten zuständig war. Nach dort bestandenem »Examen« kamen die Pläne zum Präsidenten des Reichstages. Danach beriet die Reichstagsbaukommission und leitete die Entwürfe dann im Einvernehmen mit dem Kanzler an die Akademie des Bauwesens weiter. Bismarck und sein Staatssekretär Boetticher waren geteilter Meinung über dieses Verfahren: Einerseits befürchteten sie große Befangenheit bei den Akademiemitgliedern, da diese fast alle an dem Wettbewerb teilgenommen hatten; andererseits aber hätte eine Umgehung der Akademie des Bauwesens nur Anlaß zu »mißlichen Insinuationen« gegeben.

Die Akademie des Bauwesens war eine rein preußische Behörde, die 1880 als Nachfolgerin der Technischen Baudeputation zur gutachterlichen Tätigkeit ins Leben gerufen worden war. Sie bestand aus der Hochbau- und der Ingenieurbauabteilung, deren Mitglieder berufen wurden. Die Einschaltung dieser Behörde in Reichsangelegenheiten hatte eigentlich keine rechtliche Grundlage. Noch 1897, als sie für das Reichstagspräsidentenpalais ein Gutachten anfertigte, registrierten süddeutsche Abgeordnete dies mit Verwunderung.

Die Abteilung Hochbau prüfte gründlich und monierte vor allem die Lage des Sitzungssaales zehn Meter über dem Straßenniveau und die mangelhafte Saalbeleuchtung. »Die Frage einer ausreichenden Beleuchtung des großen Sitzungssaales ... wurde auf das Eingehendste erörtert. Allgemein wurde der ... unterliegende Grundgedanke gebilligt, daß die Glasdecke des Saales nicht durch ein gewöhnliches Glasdach, sondern einen mit hohen Seitenfenstern versehenen Ueberbau gegen Witterungseinflüsse aller Art geschützt werden soll.« (67, S. 68ff) Um die Lösung dieses Problems zu überprüfen, schlug die Akademie vor, ein Modell »in möglichst großem Maßstab ... in 1/2 bis 1/3 der Naturgröße« anzufertigen. »In großen Theilen der Bauanlage, besonders in deren Westhälfte, wird das Fehlen durchgehender Treppenverbindungen, welche für die Gebäudeunterhaltung und für die Abwehr etwaiger Feuersgefahr von Wichtigkeit sind, als Mangel empfunden«. Deshalb »beschloß das Kollegium ohne Widerspruch, die Vergrößerung der Tiefe des Bauplatzes um ein möglichst erhebliches Maß, etwa 10 Meter auf das Angelegentlichste zu befürworten.«

Zu diesem Mehrheitsgutachten gesellte sich ein abweichendes »Separatvotum« von Giersberg, Jacobsthal, Adler, Spieker, Persius und Blankenstein zum Punkt 9: »In Betreff der architektonischen und dekorativen Ausgestaltung des Gebäudes im Aeußeren und Innern wurde von verschiedenen Seiten betont, daß es dringend gebothen erscheine, dem Künstler für die spezielle Bearbeitung des Entwurfes ein größeres Maßhalten und Vermeiden aller willkürlichen und übertriebenen Anordnungen zu empfehlen, da es sich ja nicht um die Errichtung eines Prunkpalastes, sondern eines Monumentalbaues für die ernstesten und wichtigsten Staatsgeschäfte des deutschen Volkes handle. Denn nicht in der unangemessenen Häufung architektonischen plastischen Schmuckes, sondern in sparsamer und dadurch um so wirkungsvollerer Anwendung sinnvoller Kunstgestaltungen bestehe das Wesen wahrer Monumentalität, und nur eine solche könne in ihrer einfach-vornehmen Haltung das wahre Wesen, die Würde und Bedeutung des deutschen Reichstagspalastes zu treffendem Ausdruck bringen.« (67, S. 68ff)

Erstaunlicherweise befaßte sich der an Kunst und Architektur schon sprichwörtlich desinteressierte Kaiser vom 18. bis 20. Januar 1883 eingehend mit diesem Gutachten: Entschieden wandte er sich gegen den Gedanken, zur Überprüfung der Lichtverhältnisse ein Modell anzufertigen: »Der Vorschlag, ... ein Modell dieser Baumotive in ganzer oder halber oder ein Drittel der wirklichen Größe zu erbauen, erscheint mir, wegen der enormen Kosten völlig verwerflich. Meiner Ansicht nach muß der Gedanke, den Sitzungssaal in Verbindung mit dem Kuppelbau zu bringen, ganz aufgegeben werden, und Letzterer als Bedachung des Haupteinganges und der Haupttreppe zu verwenden sein.« Zum Passus über die Tieferlegung des Sitzungssaales meinte er: »Mir erscheint es durchaus nothwendig, daß der Unterbau auf die Hälfte beschränkt werden muß (15 m) durch Verringerung des Erdgeschosses.«

Seine schärfste Bemerkung aber richtete sich gegen den Vorschlag der Akademie des Bauwesens, den Bauplatz etwa zehn Meter nach Westen zu rücken: »Der Bauplatz ist ein für Allemal festgestellt und (es) kann von keiner Vergrößerung die Rede sein. Der Architekt hat sich nach dem bestimmt vorgezeichneten Bauraum bei Anlegung seiner Pläne zu richten und nicht, (daß) umgekehrt nach seinem Willen der Bauplatz geändert werden (kann)«. Die Siegessäule mußte unbedingt exakt den Mittelpunkt des Platzes bilden. »Wenn hier gesagt wird, der Vorplatz vor dem Reichs-Tags-Gebäude bleibe immer noch groß genug, so ist zu bemer-

Paul Wallot (Aufnahme vermutlich 1882)

ken, daß der Königsplatz in seiner ganzen Ausdehnung der Würde des Sieges-Denkmals entspricht ... und ist nicht ein Vorplatz des noch erst zu schaffenden Reichs-Tags-Gebäudes.« (75) Wilhelm blieb sich selbst treu – »seinen« Königsplatz ließ er nicht antasten.

Damit hatte Wilhelm I. drei Grundprobleme – Bauflucht der Hauptfront, Zugänglichkeit des Plenarsaals und Lage der Kuppel – angesprochen, mit deren Lösung sich Wallot in den nächsten Jahren zu befassen hatte, wobei er mit seinen Entwürfen immer wieder zwischen die Fronten geriet. Sich widersprechende Stellungnahmen verschiedener amtlicher und halbamtlicher Gremien und die juristisch eigentlich nicht bindenden kaiserlichen Einsprüche beeinflußten den komplizierten Prozeß der Entwurfsdurcharbeitung nachhaltig negativ. In einigen Situationen ist nicht nur Wallots fachliche Kompetenz, sondern vor allem seine Nervenstärke anzuerkennen. Weder die Reaktionen parlamentarischer Gremien noch die Auflagen der Fachgutachter waren für den Architekten vorhersehund berechenbar.

Der Bundesrat stimmte Anfang Februar den Empfehlungen der Akademie zu, nicht jedoch der Erweiterung des Bauplatzes. Offenbar waren die Bemerkungen des Kaisers bekannt geworden. Trotzdem negierte man seine Meinung zum Modell. Das vom Bildhauer Otto Lessing angefertigte Modell wurde zwar ob seiner gipsernen Ähnlichkeit als Zuckerbäckerei belächelt. »Indessen, wie es liegt, erleichtert es doch die Übersicht der Verhältnisse des Plans ungemein. Daß der Bau eine Kuppel haben muß, ist feststehend, jede Diskussion darüber unnöthig welche Kuppel die beste aller möglichen Kuppeln wäre, ist allzuschwer festzustellen.« (222)

Wallot blieb nichts anderes übrig – er mußte seinen Entwurf erneut revidieren. Für ihn begann jetzt die »Zeit des heißen Mühens«. Am 9. April 1883 schrieb er seinem Freund Friedrich Bluntschli in Zürich: »Soeben bin ich mit der Umarbeitung meines Projektes beschäftigt und nahezu damit fertig. In 14 Tagen wird dasselbe in den Reichstag kommen. ... Von den hiesigen Herren Concurrenzcollegen wird gewühlt und gearbeitet – das werden Sie sich denken können – um den Eindringling von der Bildfläche wieder verschwinden zu machen. Mit Vergnügen würden alle die Herren die Würde meines Leichenconductes erhöhen helfen, für den Fall mir etwas Menschliches passiren sollte.« (77) So sarkastisch zu schreiben, hatte Wallot allen Grund, insbesondere wenn er an die sogenannte »Affäre Seeling« dachte.

Ende April 1883 fand sich auf den Tischen der Mitglieder der Reichstagsbaukommission, des Reichskanzlers und in den Buchhandlungen Berlins eine Broschüre des in Berlin ansässigen Architekten und Wettbewerbsteilnehmers Heinrich Seeling mit dem Titel »Neue Grundrissdisposition zu den Wallot'schen Fassaden des Reichstagsgebäudes von Heinrich Seeling«. In der kaum verhohlenen Absicht, Wallot seinen Erfolg streitig zu machen, behauptete Seeling, die Tieferlegung des Sitzungssaales sei unmöglich, wenn man den preisgekrönten Grundriß beibehalten wolle und bot seine Lösung an. Vorausgegangen war von der Öffentlichkeit unbemerkt, aber von Wallot ausführlich notiert, der Versuch Seelings, sich in Wallots Vertrauen einzuschleichen und sich ihm als Mitautor eines revidierten Entwurfes aufzudrängen. Im Juli, nachdem

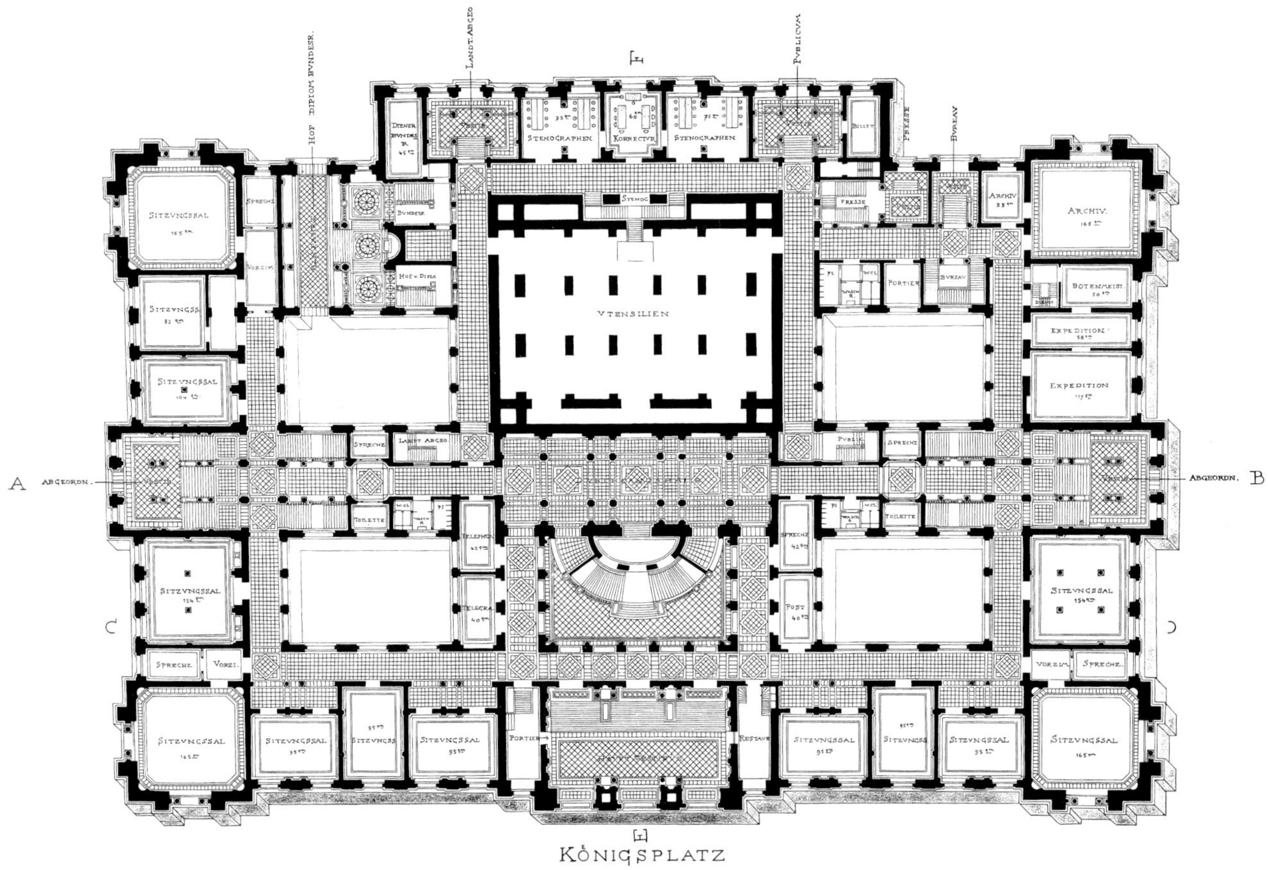

Der preisgekrönte Entwurf von 1882, Erdgeschoß

sich auch der Reichstag mit der unerquicklichen Angelegenheit befaßt hatte, erklärte der Architektenverein: »Die an dieser Stelle bereits mehrfach erwähnte, unliebsame ›Affäre Seeling‹ ist durch den freiwilligen Austritt desselben aus dem Verein für diesen als erledigt zu betrachten.« (82)

Mitte Mai lieferte Wallot seine zum zweiten Mal revidierten Entwürfe an die Reichstagsbaukommission ab, die sie wiederum ohne Kommentar an die Akademie des Bauwesens weiterleitete. Erneut hatten die Gutachter einiges zu bemängeln: Bismarcks ungute Vorahnungen hinsichtlich der Rolle der Akademie sollten sich aber erst im Resümee das Gutachtens bewahrheiten: »Deshalb empfiehlt die Akademie, auf Grund der veränderten Bedingungen durch den Architekten Wallot ein neues Projekt aufstellen zu lassen, ohne ihn an die äußere Erscheinung seines preisgekrönten Entwurfs zu binden.« (83)

Das war eine Zumutung sowohl für den Architekten als auch für den Reichstag. Wallots Verdacht, daß die Berliner Architekten um einen Ehrenplatz an seinem Sarg wetteiferten, scheint nicht ganz unbegründet gewesen zu sein. Offenbar haben weder Kaiser noch Kanzler noch der Präsident des Reichstages diese zweite Revision des Entwurfs von Wallot gesehen.

Am 9. Juni trat Boetticher mit einem noch handschriftlichen Exemplar des Gutachtens vor den Reichstag. Nachdem er die Bedenken der Akademie des Bauwesens vorgetragen hatte, teilte er aber mit, daß sich die Reichstagsbaukommission eine Stunde vor der Eröffnung der Reichstagssitzung getroffen habe und einstimmig zu dem Beschluß gekommen sei, daß der Entwurf von Wallot entgegen dem Akademiegutachten

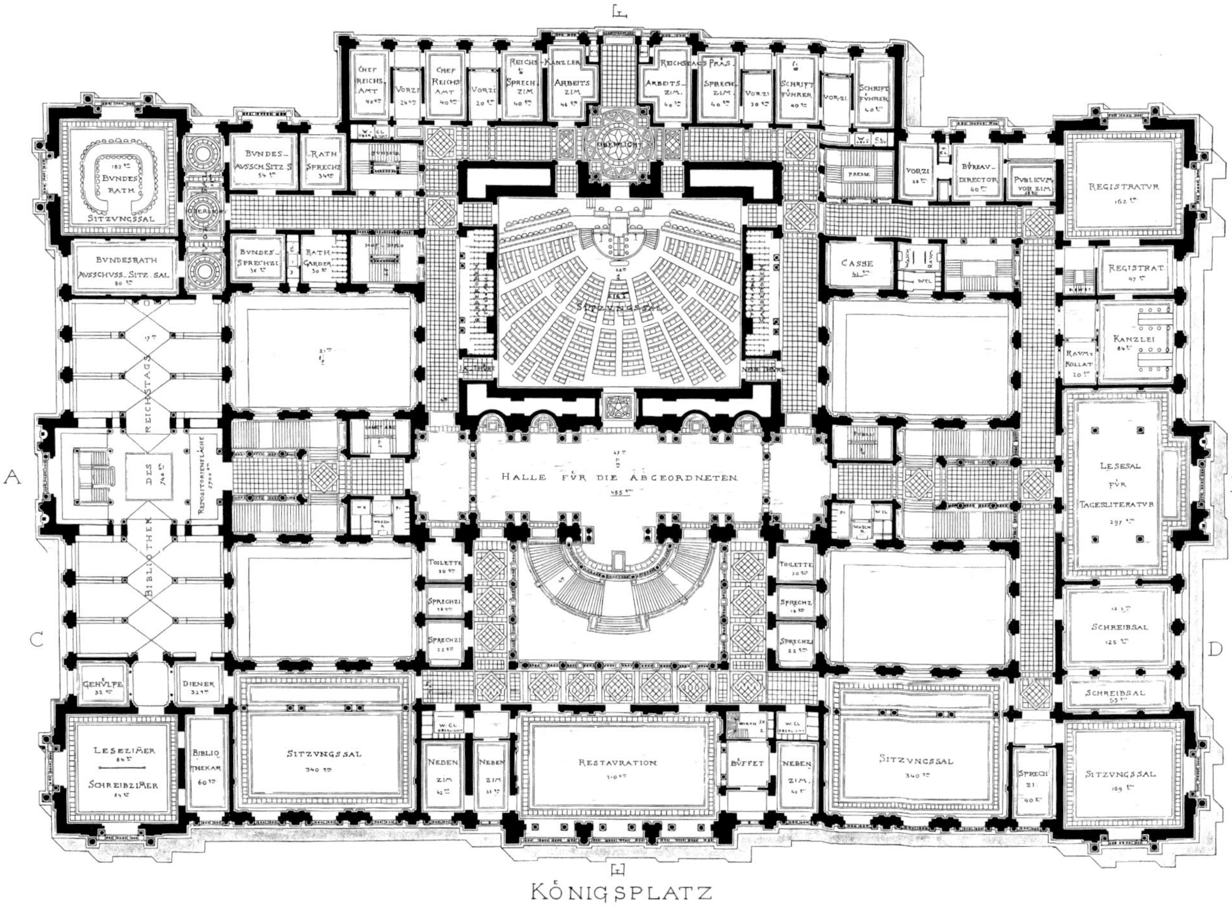

Das Hauptgeschoß im Wettbewerbs-Entwurf

eine ausreichende Grundlage für den Bau des Parlamentsgebäudes sei: »Ich habe Ihnen deshalb namens der Baukommission zu empfehlen, daß Sie nicht allein die Etatposition bewilligen, sondern daß Sie sich auch einverstanden erklären damit, daß das Wallot'sche Projekt der Bauausführung zugrunde gelegt werde, und ich darf daran erinnern, daß auch der Bundesrath sich im Allgemeinen mit diesem Projekt einverstanden erklärt hat, und daß er nun an die Ausführung des Projektes die Erwartung geknüpft hat, daß es gelingen werde, den Sitzungssaal niedriger zu legen.« Dann kam in der Diskussion alles wieder hoch, was die Gemüter bewegt hatte und noch bewegte: Saalgröße und Akustik, Beleuchtung und Eingänge, Standort und Kuppel.

Der ob seiner scharfzüngigen Schonungslosigkeit berüchtigte Reichensperger ließ Wallot endlich Gerechtigkeit widerfahren: »Ich bitte, dem Baumeister Wallot, dem ja nun von allen Seiten Vertrauen entgegengebracht worden ist, das Leben nicht sauer machen zu lassen; – bis jetzt ist es ihm recht sauer gemacht worden.« Und der badische Abgeordnete Gerwig, als Bauingenieur den Wallotschen Problemen aufgeschlossen, unterstrich noch einmal – und seitdem ist die Kuppel bis heute Standardthema bei Diskussionen über das Reichstagsgebäude – die Wichtigkeit der Krönung des Baues: »...Sie werden auch gegen die Kuppel gewiss nichts einzuwenden haben. Es würde vollständig dem entgegen sein, was wir seither gethan haben. Ein Haus ohne Kuppel wäre nicht mehr der Wallot'sche Plan. Wallot kann ohne diese Kuppel nicht leben.« (223) Wenige Minuten nach Gerwigs Rede stimmte das Plenum für die Etatposition von über 1 Million Mark, für die Planung und die erste Rate des Reichstagsgebäudes und gleichzeitig dafür, den Wallotschen Plan in der zweiten

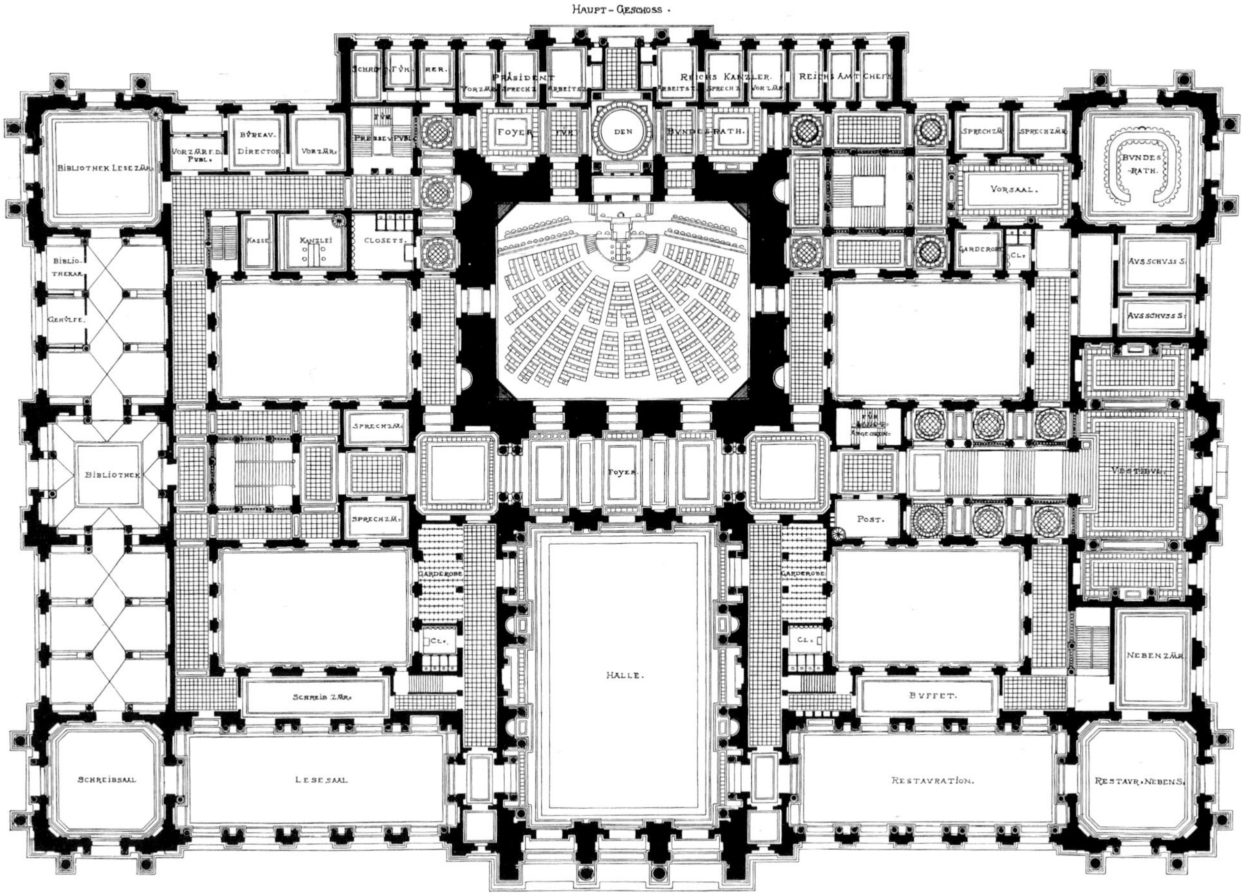

Die überarbeitete Fassung vom April 1883

Revision als Grundlage für eine definitive Ausarbeitung anzusehen.

Der Reichstag votierte am 13. Juni schließlich für die Anstellung Wallots als Architekt des Reichstagsgebäudes, womit ihm auf acht Jahre ein jährliches Salär von 30 000 Mark und zusätzlich Prämien in Höhe von insgesamt 120 000 Mark zugesprochen wurden. Am 1. Juli zog Wallot nach Berlin in die Bendlerstraße 27.

Etwa 300 Anträge von Architekten zur Anstellung bei Wallot lagen vor. Dieser aber holte fürs erste seine wenigen Mitarbeiter aus dem Kreis der ihm bekannten Frankfurter Architekten, so Hermann Angelroth und Otto Rieth. Als Mitarbeiter für die technische Bauleitung wählte er Wilhelm Haeger, der 1867 den Umbau des Raczynskischen Palais geleitet hatte. Haeger wurde am 1. September von seinen Pflichten im preußischen Ministerium der Öffentlichen Arbeiten entbunden.

Die Reichstagsbaukommission erhielt die endgültigen Pläne bereits Mitte August 1883 und am 29. August lag ihr Einverständnis vor. Ende September wurden sie im Reichsamt des Innern eingereicht. Nachdem die Höhenlage des Plenarsaales von allen akzeptiert worden war, hatte sich Wallot entschlossen, die Kuppel statt über dem Saal über der westlichen Vorhalle – also unmittelbar über der Hauptfassade – anzuordnen. Zum Gewinn damit notwendiger größerer optischer Tiefe hatte er eine in den Königsplatz ragende Rampenanlage vorgesehen.

Den lange Zeit stur auf der vorgesehenen Bauflucht beharrenden Kaiser, der diesen Entwurf am 5. Dezember 1883 genehmigte, umzustimmen, war schließlich Boetticher mit einem taktisch klugen Brief vom 16. Juni gelungen. Er machte dem Kaiser die Aufwertung des Königsplatzes durch eine repräsentative Reichstags-

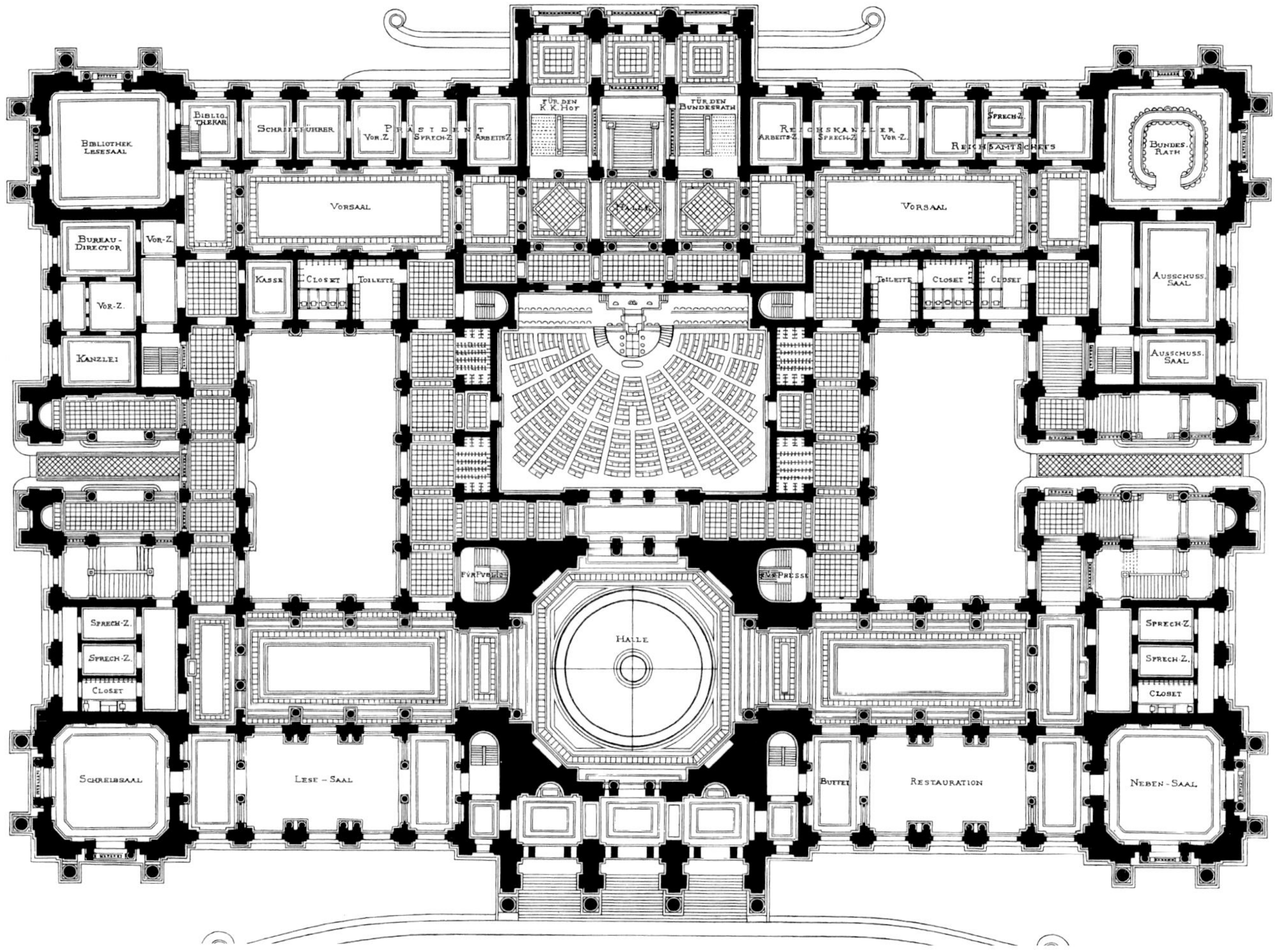

Nach 17 Monaten hatte Wallot im Oktober 1883 einen vorerst endgültigen Entwurf

fassade schmackhaft und wies nach, daß die Siegessäule erst in der Mitte stehen würde, wenn vor der Bauflucht – Entfernung zur Siegessäule 223 Meter – eine zehn Meter breite Rampe angelegt wurde. Kroll war 213 Meter entfernt. »Eure Majestät bitte ich daher ehrfurchtsvoll, Allerhöchstes Einverständnis mit der Anlage einer rampenartigen Zufahrt von der westlichen Front des Reichstages durch einen Vermerk allergnädigst aussprechen zu wollen. Sollten Eure Majestät gegen den Vorschlag gleichwohl noch Bedenken hegen, so würde ich mir die alleruntherthänigste Bitte gestatten, daß Allerhöchst dieselben geruhen wollen, mir vor der Entschließung noch einen Vortrag in der Sache allergnädigst zu gestatten.« (224) Wilhelm hatte diesem Wunsch in seinem »Randerlaß« vom 22. Juni entsprochen.

Wallot hatte in 17 Monaten einen unglaublichen Kampf um »seinen« Reichstag bestanden. Aber nicht – wie eigentlich zu erwarten gewesen wäre – die Fragen nach architektonischer Veräußerlichung der inneren Funktionen des Baues, nach dessen angemessener Repräsentativität und Monumentalität, nach der Akzeptanz des Parlamentsgebäudes durch die Wähler standen im Mittelpunkt der Diskussion. Am politisch wichtigsten Bau einer sich erst herausbildenden parlamentarischen Demokratie tobten sich persönliche Mißgunst und politische Flügelkämpfe, Herrschaftsansprüche und Kompetenzanmaßung aus. Erst die nahe Zukunft wird erweisen, ob die deutsche Demokratie nach einem Jahrhundert aus dieser Erfahrung Lehren gezogen hat.

Der Bau des Reichstages

Die Grundsteinlegung

Von Wilhelms Genehmigung bis zur Grundsteinlegung vergingen noch fast zwölf Monate mit Vorbereitungsarbeiten. Wallot und Haeger erhielten vollständig eingerichtete Büros mit den nötigen Planstellen und der notwendigen Ausstattung im Südflügel des Palais Raczynski – ehemals Wohnung und Atelier von Peter Cornelius – zugewiesen, der deshalb beim Abriß Ende 1883 noch stehen blieb. Während der gesamten Bauzeit beschäftigte Wallot mehr als 15 Architekten, vier hatte er bereits aus Frankfurt mitgebracht. Haeger stellte außerdem eine größere Zahl Techniker ein. In einer späteren Bauphase wurden zwei weitere Büros eingerichtet; eines unter Leitung von Paul Wittig ab 1. Oktober 1889 für den Innenausbau und ein technisches Büro für die Errichtung der Kuppel unter Hermann Zimmermann.

Die Präzisierung der Entwurfsunterlagen ging mit Hochdruck während des Baues weiter. Cornelius Gurlitt beschrieb das Büro folgendermaßen: »Nun erst begann die eigentliche Durchbildung der Pläne. Auf riesigen Brettern entstehen die Baurisse unter den Händen einer stattlichen Anzahl von Gehilfen, deren Arbeit der Meister überwacht. Jeder, auch der kleinste Mauervorsprung wird eingezeichnet, viele Wochen dauert nur das Einschreiben der Maasse aller Winkel und Ecken. Dann werden die Querschnitte und die Façaden in ihrem größten Maasstab aufgezeichnet, in Blättern, welche Manneshöhe haben. Dann kommt ein Fachmann, der die Tragfähigkeit der Pfeiler und Säulen berechnet, der die Abmessungen der Eisenconstructionen prüft.« (85)

Bereits lange vor der endgültigen Baugenehmigung hatten erste Baumaßnahmen begonnen. Noch während der Ausstellung der Wettbewerbsentwürfe im Juli 1882 wurden in der Sommerstraße hinter dem Raczynskischen Palais die ersten Gebäude abgerissen. Dazu gehörten die ehemalige Feuerwerkerschule – einst Kaserne und dann Garnisonslazarett – sowie einige große Privathäuser, u. a. das von Eduard Titz für den Kaufhausmillionär Rudolf Hertzog errichtete. Das Palais selbst ist erst im späten Herbst 1883 abgerissen worden.

In diesem Herbst wurden auch Baugrunduntersuchungen vorgenommen, die die Notwendigkeit zusätzlicher Fundamente ergaben. Nach Haegers Rückkehr aus Wien, wo er sich über neueste Heizungs- und Lüftungssysteme informiert hatte, reiste Wallot mit ihm zur Inspektion von Granit- und Sandsteinbrüchen nach Schlesien, in den Thüringer Wald und das Fichtelgebirge.

Ein Konsortium, bestehend aus den Maurerfirmen Ramelow und Krebs & Lauenburg, wurde gebildet, um die Maurer- und Zimmererarbeiten auszuführen. Es war für die Baugrube einschließlich der Spundwände und Fundamente sowie für das Mauerwerk bis zum Hochgesims zuständig. Für die Fassaden wurden wiederum größere Steinmetzfirmen für einzelne Abschnitte unter Vertrag genommen. Diese größeren Baufirmen verfügten über eigene Steinbrüche von Schlesien bis nach Trier und organisierten den Bruch, Transport und die Bearbeitung der Steine bis zum Versetzen am Bau.

Der Innenausbau mußte vorwiegend von einzelnen und zum Teil sehr kleinen Möbeltischlereien durchgeführt werden, wobei diese bei der Beauftragung nicht selten Kaution bei der Reichstagsbauverwaltung hinterlegen mußten. Eine modifizierte Form der Regiearbeit – Stellung des Materials durch den Auftraggeber und Einzelbeauftragung eines Handwerkers oder Künstlers – wurde u. a. in der künstlerischen Ausschmückung mit den Firmen Riedinger, Linnemann und Hulbe praktiziert.

Im Frühjahr 1884 erfolgte sowohl der Ausschacht als auch ein großer Teil der Grundwasserabsenkung. Ein sehr schöner Bauzaun – angeblich das erste Kunstwerk am Bau – wurde weit um den Platz gezogen, so daß genügend Raum für eine großzügige Baustelleneinrichtung vorhanden war. Dem Aussehen des Bauzaunes schenkten Wilhelm und auch Boetticher besondere Aufmerksamkeit, wie deren Briefwechsel im März und April 1884 zu entnehmen ist. Es war dem Kaiser ohnehin ein Greuel, daß »sein« Tiergarten für längere Zeit durch die Baustelle verunstaltet werden sollte.

Während der Vorbereitung zur festlichen Grundsteinlegung wurde deutlich, was sich wie ein roter Faden durch die ganze Reichstagsvorgeschichte gezogen hatte: die bewußte Umgehung des Parlaments bis zur Nichtachtung der Volkssouveränität, soweit überhaupt vorhanden. Zuerst behielt sich der Kaiser die Genehmigung des Bauprogramms und die Wahl des Bauplatzes vor, dann mischte er sich in die Revision der Wallotschen Pläne ein und maßte sich an, Verbote und Gebote auszusprechen. Als es darum ging, die Grundsteinlegung zu planen und zu realisieren, wurde sogar der Magistrat von Berlin mehr berücksichtigt als der Reichstag. Jenes vom Staatssekretär v. Boetticher im Einvernehmen mit dem Kaiser entworfene militärische Spektakel führte wie kein anderer Akt der Welt vor Augen, wie sehr das junge Parlament ein äußeres Zeichen seiner Bedeutung nötig hatte.

Über den Termin der Grundsteinlegung herrschte lange Zeit Uneinigkeit, in den Medien wurden reihenweise historische, militärische und monarchistische Bezugsdaten gehandelt. Daß der Reichstag selbst einen Vorschlag gemacht hätte, oder daß an die Daten der Paulskirche, des Ausbruchs der 48er Revolution, der Eröffnung des ersten Reichstages 1871 oder ähnliches gedacht worden wäre, ist nicht bekannt. Man sollte vielleicht dafür dankbar sein, daß nicht der Sedantag gewählt wurde. Dafür, daß die meisten Terminvorschläge nicht zu realisieren waren, sorgte der dramatische Verlauf von Wallots Entwurfsüberarbeitung, die erst im Dezember 1883 die allerhöchste Genehmigung fand.

Richtig ins Rollen kam die Sache erst im Frühjahr 1884. Am 21. Mai schlug Boetticher, »falls Allerhöchstdero Reisedispositionen damit verträglich sein sollten, Montag den 9. Juni, entgegengesetzten Falls Freitag den 6. Juni« vor. Wilhelms Antwort datiert vom 24. Mai: »Als Tag und Stunde der Feier bestimme ich den 9. Juni d.J. um 12 Uhr.« (86) Deutlicher, selbstherrlicher geht es wohl nicht.

Zur Wahl des Termins, dem Ort des Grundsteins, der Auftragsvergabe und der Bestimmung des Kapselinhaltes wurden weder der Reichstag noch der Reichstagspräsident befragt. Nicht nur das Wetter sollte den eigentlichen Gastgeber im Regen stehen lassen; das Protokoll hatte es bereits getan. In der Reihenfolge der ca. 80 Personen, die die obligaten drei Hammerschläge vollziehen durften, stand der Reichstagspräsident weit

Grundsteinlegung zum 9.6.1884 –
Photographie von Ottomar Anschütz
vom Südflügel Palais Raczynski aus aufgenommen

hinten: Als erster der Kaiser, dann die Kaiserin, der Kronprinz, die Kronprinzessin, die Prinzen und Prinzessinnen des Königlichen Hauses, der Reichskanzler, die Generalfeldmarschälle, die stimmführenden Bevollmächtigten zum Bundesrat, die Mitglieder des Königlich-Preußischen Staatsministeriums, die Chefs der Reichsämter, der Präsident und die Vizepräsidenten des Reichstags, die Mitglieder der Reichstagsbaukommission, Wallot und Haeger.

Der Auftrag zur Herstellung des Grundsteins erging an zwei Firmen, an den Hofkupferschmiedemeister W. Otto zur Anfertigung der Kapsel und den Hofsteinmetzmeister Wimmel & Comp. zur Herstellung des aus Rackwitz kommenden Sandsteinblockes mit den Abmessungen 110 x 90 x 75 cm. In die Kapsel aus hellpoliertem Kupfer mit von Löwenmäulern gehaltenen

Griffen kamen: Der Erlaß »An das Deutsche Volk« betreffend die Erneuerung der deutschen Kaiserwürde vom 17. Januar 1871, die Verfassung des Deutschen Reiches, das Handbuch für das Deutsche Reich des Jahres 1884, die Baugeschichte des Reichstagsgebäudes bis zur Grundsteinlegung, Pläne der Stadt Berlin einschließlich ihres Weichbildes und ein vollständiger Satz der Reichsmünzen, zusammengestellt aus Prägungen aller deutschen Münzstätten.

Mit dem Nahen des historischen Tages steigerte sich die allgemeine Aufgeregtheit. So war die Angst der Polizei zu verstehen, als sie von einem im Tiergarten bekannten Landstreicher einen Tip über ein geplantes Attentat erhielt. Es blieb ihr nichts anderes übrig, als am Vorabend der Feier mit einer Baukolonne anzurücken, die Planken im Kaiserpavillon unter Anleitung Haegers aufzunehmen und den darunterliegenden Raum zu untersuchen. Nichts wurde gefunden.

Am 9. Juni 1884 war ganz Berlin beflaggt. »Es war kein Kaiserwetter«, bemerkte die »Nationalzeitung« am Tage der Feier lapidar. Diese verlief jedoch, »trotz unausgesetzten Regens, dem sich der Kaiser während des größten Theils der Feier aussetzte«, würdig. Die einzige Fotografie der Veranstaltung, von Ottomar Anschütz aus einem Fenster des noch nicht abgerissenen Südflügels des Raczynski-Palais aufgenommen, zeigt die versammelten Herrschaften mit aufgespannten Regenschirmen, die Honoratioren jedoch ohne Schutz und Schirm.

Die Feier verlief fast ohne Panne. Als Wilhelm seine Hammerschläge tat, konnte man die leise Rede des 87jährigen Kaisers nicht verstehen. Prinz Wilhelm, des Kaisers forscher Enkel und zukünftiger Wilhelm II., dagegen schlug so energisch, daß die Versammlung »mit ihrem Beifall nicht zurückhalten« konnte.

Den größten Anstoß erregte, daß selbst der Reichstagspräsident in der Uniform eines Landwehrmajors der Reserve erschienen war. Ein Umstand, der friedlich Gesinnte empfindlich stören mußte: »Die Überschätzung des militärischen Berufes in unserem gesammten Staats- und öffentlichem Leben«, schrieb die »Frankfurter Zeitung« am Tage nach der Feier, »der Militarismus und Bureaukratismus ist es, dessen Auswüchse uns in diesem Falle wieder ganz besonders bemerkbar geworden sind.« (91) Die konservative englische Zeitung »Standard« sah in der Feier den Beweis dafür, daß selbst im kriegerischen Deutschland die Volksvertretung Achtung genieße und daß Deutschland seit 13 Jahren friedfertig sei, weil es so stark sei, daß keiner es anzugreifen wage. Die deutschen Zeitungen vermerkten den englischen Beifall mit Selbstgefälligkeit.

Kaiser contra Kuppel - Der Bau

Die Grundsteinlegung war für die Reichstagserbauer nur ein Zwischenhalt, die komplizierten Gründungsarbeiten hatten ja schon lange begonnen. Während die ersten Fundamente im Süden am 26. Juni 1884 gelegt wurden, bedurfte es im Norden wegen der unzureichenden Tragfähigkeit des Baugrundes noch umfangreicher Stabilisierungsmaßnahmen. Am 28. Juli wurden auch hier die ersten Fundamente betoniert. Zur Erhöhung der Tragfähigkeit wurden vom September bis zum 14. Oktober 2232 Rundpfähle unter die künftigen Kuppelfundamente gerammt. Die über den Pfählen eingebrachte Fundamentplatte hatte eine Stärke von 1,4 Metern.

Streiks in der Bauwirtschaft legten zwar Teile der Arbeit lahm, es scheint insgesamt jedoch gut vorangegangen zu sein. Im Herbst zeigte die Baustelle die »ganze Großartigkeit der modernen Bauweise«. Eine Telefonleitung umspannte den Platz, Wasserhebe- und Rammgeräte waren im Einsatz. Der Grundstein stand noch frei. Am Bau waren ca. 100 Arbeiter, je zwei Dampframmen und mit Dampf betriebene Mörtelwerke sowie mehrere Pumpen zur Senkung des Grundwassers tätig. Anfang November zog das Baubüro in das neue Backsteinhaus am südwestlichen Zipfel des Baugeländes ein, wo Teile aus dem alten Corneliusschen Atelier, wie Eisenornamente, Treppen usw., eingebaut worden waren. Bevor die Arbeiten im November wegen Frost eingestellt werden mußten, waren die Fundamente zur Hälfte fertiggestellt - von der südlichen Fluchtlinie bis zur Mittelachse.

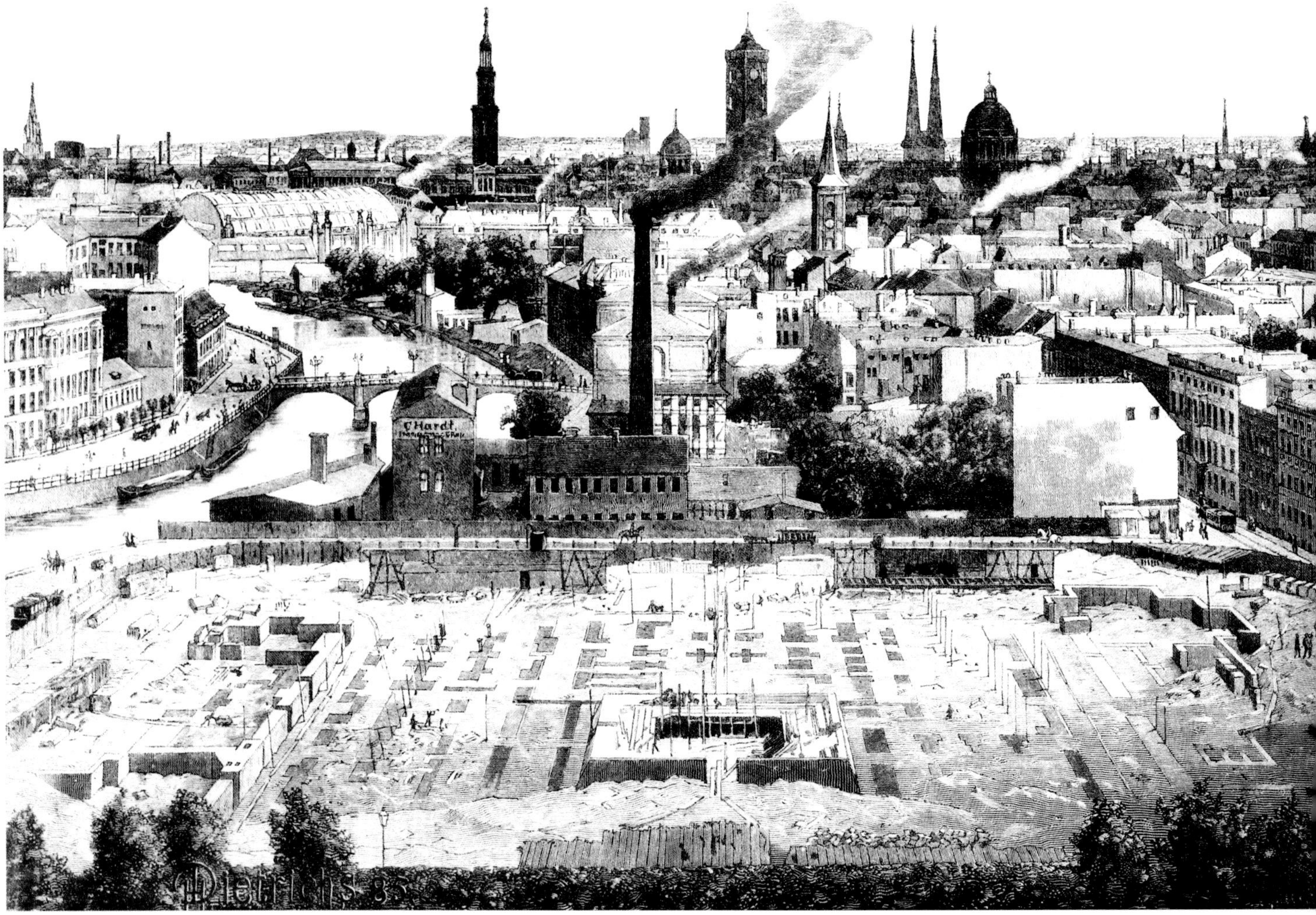

Blick von der Siegessäule auf die Reichstagsbaustelle im Jahr 1885.
Auf dem an der Spree gelegenen Fabrikgelände entstand bis 1902 das Reichstagspräsidentenpalais

Nach der Winterpause 1884/85 wurden die Gründung vollendet und Teile des Kellers und des Untergeschosses in Angriff genommen. »Im Juni des Jahres 1885 erlitten die Bauarbeiten eine empfindliche Störung durch den damals eingetretenen Ausstand der Maurer. Man half sich mit Heranziehung auswärtiger Kräfte, doch nur 44 Mann trafen ein, die auf dem Bauplatze einquartiert und verpflegt wurden. Erst gegen Ende Juli wurde die Arbeit in größerem Umfange wieder aufgenommen. Die Arbeiterzahl betrug damals 230 Köpfe und stieg bis zum 6. August auf 262 Mann, darunter 140 Maurer ausschließlich Polierer und Burschen. Die Arbeitsleistung war dementsprechend erheblich geringer als im Vorjahre: doch wurden bereits 754 cbm Granit- und Sandsteinquadern versetzt.« (92) Im November hatte der Bau an der Westfassade sowie an den Ecktürmen bereits eine Höhe von 6,5 Metern erreicht, bevor wegen Frostgefahr die Arbeiten eingestellt werden mußten.

Das Jahr 1886 begann für die Zuschauer am Bauplatz mit einer Attraktion: Rings um den langsam sichtbar werdenden Reichstag wurde ein 20 Meter hohes Gerüst gestellt – der Hochbau begann. Die Reichstagsbauverwaltung legte am 25. Mai dem Reichsamt des Innern einen Bericht über die Bauausführung vor. Bestimmte Bauabschnitte waren weiter fortgeschritten als zu-

nächst vorgesehen, zwei Geschosse bereits vollendet. Bis zum Gurtgesims wurden im Laufe des Jahres auch die Steinmetzarbeiten fertiggestellt und 3590 Kubikmeter Naturstein verarbeitet. Im Jahresdurchschnitt 1886 waren ständig 245 Arbeiter am Bau beschäftigt; wie die Zahl von 291 für Ende November zeigt, schwankte sie aber stark.

Viele Probleme des Entwurfs waren noch ungelöst. Das sensibelste aber blieb ein Dauerbrenner: Bisher hatte es für die Kuppel sowohl in der Grundrißanordnung – über dem Plenarsaal oder der Eingangshalle – als auch in Form und Material keinen alle Seiten befriedigenden Kompromiß gegeben. Nun kam Wallot zu der Einsicht, daß eine Steinkuppel über der achteckigen zentralen Kuppelhalle ein Fehler sei. Beim greisen Kaiser machte er einen verzweifelten Versuch, die Anlage wieder zum Sitzungssaal hin zu verlegen, aber der Monarch konnte ihm nicht folgen, und es blieb, abgesehen von der allseits begrüßten Streichung zweier Türme auf der Ostseite, alles beim alten – 77 Meter hoch über der Halle.

Am 31. August aber beantragte Boetticher eine Audienz für sich und Wallot beim Kaiser, zu der Wallot Pläne mit der Kuppel über dem Sitzungssaal einreichte. Wilhelm forderte am 7. Oktober noch genauere Entwürfe an. Der Kaiser war nun doch verunsichert und schrieb am 22. Oktober an Bismarck, der ihm vorsichtig riet, die endgültige Entscheidung dem Architekten zu überlassen. In dem Gespräch mit dem Kaiser konnte Wallot nur einen Teilerfolg verbuchen – der Plenarsaal erhielt Oberlicht. Mit dem Kuppelproblem sollte Wallot nicht nur Wilhelm I., sondern besonders scharfkantig auch Wilhelm II. beschäftigen. So blockierte jahrelang politische Anmaßung deutscher Kaiser eine der wichtigsten architektonischen Entscheidungen am deutschen Parlamentshaus.

Im Jahre 1887 beherrscht der neue Bau schon den Königsplatz. Das traditionelle innere Ziegelmauerwerk hatte im Juli bereits eine Höhe von 20 bis 22 Meter und zum Jahresende die Höhe des Dachgesimses erreicht. Die äußere Vollendung aber blieb zurück, gegenüber Reichensperger rechtfertigte sich Wallot und beschrieb den Zusammenhang von Konstruktion und Bauablauf: »Ich weiß es, daß Sie diese getrennte Ausführung tadeln werden; ich konnte es nicht verhüten, da im Jahr '93 der Bau in allen Theilen fertig sein soll; die Ausführung gestattet ein früheres Anbringen des Daches und damit eine frühere Inangriffnahme des Innenbaus. Ich habe wenigstens dafür gesorgt, daß der Außenbau nicht zu einer Verblendung wird. Die Steinmetzarbeit hat eine solche Stärke, daß sie einen vollständigen Quaderbau darstellt. Einen Vortheil hat diese Art der Ausführung daß man auf das sehr verschiedenartige Setzen des Quadermauerwerks und des Sandsteinmauerwerks keine Rücksicht zu nehmen braucht.« (96)

Auch über die Ausstattung war sich Wallot nun im klaren: »Die Innenräume, auch diejenigen des Hauptgeschosses sind großentheils durchgearbeitet und theilweise schon ausgeführt. Sämmtliche Eingangshallen etc. werden nämlich auch massiv und zwar in Sandstein ausgeführt. Werthvolles od. besser edleres Material – auch Farbe, soll vorwiegend in den eigentlichen Innenräumen verwendet werden.« (97)

Das Jahr 1888 brachte als »Dreikaiserjahr« für den Reichstagsbau manche Turbulenzen und für Wallot das Ende der Hoffnung vom Einvernehmen mit dem Monarchen. Wilhelm I. starb am 9. März, sein auf dem Thron folgender Sohn war zwar erst 58 Jahre alt, starb aber noch im selben Jahr. In seiner 99-Tage-Regierung setzte er sein langjähriges Engagement für den Dombau fort – der Reichstag interessierte ihn aber nicht. Wallot merkte nur an, daß Friedrich III. »im Einvernehmen mit seiner Gemahlin und wohl infolge Beeinflussung der Letzteren den Reichstagsbau und meine Person vollständig ignorierte.« (97) Aber mit Wilhelm II., seit dem 15. Juni Deutscher Kaiser, war der Eklat vorprogrammiert.

Im Januar 1889 trat die permanente Diskussion um die Kuppel in eine neue Phase. Die Reichstagsbaukommission verlangte Berechnungen für eine neue Kuppel. Beauftragt wurde der promovierte Bau- und Maschinenbau-Ingenieur Ernst August Hermann Zimmermann aus dem Reichsamt für die Verwaltung der Reichseisenbahnen. Zimmermann gehört zu den Klassikern auf vielen Gebieten der Statik und der Festigkeitslehre, seine Berechnungsverfahren für den Eisenbahn-Oberbau hatten teilweise noch bis nach dem Zweiten Weltkrieg Gültigkeit. Auch auf anderen Gebieten bewies Zimmermann Vielseitigkeit: als Alpinist, Inhaber des Steuermannpatentes I. Klasse und erprobter Ballonflieger.

Um es vorwegzunehmen: Mit der Reichstagskuppel nach einem neu entwickelten Berechnungsverfahren erhielt Berlin die erste der Vielzahl von sogenannten »Zimmermann-Kuppeln«, als statisches System so berühmt wie die »Schwedler-Kuppeln«.

Im Frühjahr lagen die Berechnungen vor und im März war »das neue Modell zum Reichstagsgebäude ... im alten Reichstagsgebäude den Herren Abgeordneten zur Besichtigung u. Kritik aufgestellt. Wie es den Anschein hat, gefällt das Modell nicht besonders. Ob ich daran schuld bin od. der architect. Bildungsstand der Herren Kritiker, weiss ich nicht. Der Eine sagt dies, der Andere das. Jedenfalls wird mein Erzeugnis angezweifelt«, schrieb Wallot. (98)

Des Kaisers zumindest anfängliches Streben nach Profilierung auch als Baumeister, vielleicht in Erinnerung an Friedrich II. und Friedrich Wilhelm IV., ließ ihn und Wallot erstmals aneinander geraten und verursachte die bis nach Fertigstellung des Reichstages sich stetig steigernde Spannung zwischen beiden. Eugen Bracht überlieferte die Situation:

»Eigentlich war der Reichstag – resp. die von demselben erwählte Baukommission die ausschlaggebende Instanz – der Reichstag war der ›Bauherr‹, und die Reichsregierung, so wenig wie der Kaiser, hatten da hineinzureden; dem Kaiser aber spielte das ›Mittun‹

Die Reichstagsbaustelle im Mai 1892, acht Jahre nach der Grundsteinlegung

stets eine wichtige Rolle, er glaubte sich berufen, einen Einfluss auf diesen wichtigsten Bau seiner Regierungszeit auszuüben und war offenbar gewohnt, dass die berufenen Architekten, wie Schwechten etc. sich die Kaiserlichen Eingriffe mittelst Blaustift gefallen liessen … Nachdem Wallot S. M. die Pläne dargelegt und die bestehenden Schwierigkeiten gestreift hatte, war Jener mit seiner Meinung bereits fertig und Wallot mit der Hand auf die Schulter klopfend sagte er siegesbewusst: ›Mein Sohn (Wallot war achtzehn Jahre älter!/d.V.) das machen wir so‹ und wollte loszeichnen oder hatte bereits begonnen worauf Wallot in seiner entschiedenen Art, sich gross aufrichtend, erwiderte: ›Majestät, das geht nicht!‹ Es muss wohl nicht nur den Worten nach, sondern auch im Ton ein Etwas in sich gehabt haben, das S.M. nicht gewohnt war zu hören – er sah sich damit als Mitbauer abgelehnt, und damit war Wallot ein Feind geschaffen, wie er unversöhnlicher nicht gedacht werden kann. Ich gebe es so wieder wie Wallot es mir ganz warm erzählt hat«. (62, S. 140ff)

Das strittige Problem des Kuppelstandortes sorgte auch im Plenum und in Fachkreisen für permanente Konfrontationen. Anfang 1889 hatte Wallot geschrieben: »… bis ich schließlich zu der Erkenntniß kam, daß nicht die Form einer Kuppel an dieser Stelle, sondern deren Masse in Anbetracht der Thürme an den Ecken und der verhältnismäßig nicht großen Länge der Westfacade das Entscheidende sei. Diese Facade mit ihren 136 m ist zu kurz, um 3 massige Aufbauten zu vertragen… Der Bau hätte ausgesehen wie ein ausgebranntes Schloß. Da kam mir die übrigens so naheliegende Erleuchtung, von allen traditionellen Kuppeln abzusehen, die Hauptmasse wiederum in das Centrum des Gebäudes, also über den Sitzungssaal zu verlegen, nunmehr aber das Dach des Aufbau's an dieser Stelle den Verhältnissen entsprechend in Glas und Kupfer auszubilden, um die Belichtung des darunter liegenden Saales außer alle Frage zu stellen.« (101) Nach einem erneuten Brief Boettichers am 14. November an den Kaiser konnte sich Wallot nun endlich durchsetzen.

Eine Aufnahme vom Kuppelgerüst,
hinter dem nordöstlichen Eckturm der Schiffbauerdamm und die Weidendammer Brücke

Die Verschiebung der Kuppel hatte auch konstruktiv weitreichende Folgen. Nicht nur im Entwurf, auch in bereits ausgeführten Teilen mußten Änderungen vorgenommen werden. Wegen der neuen Position der Kuppel wurden die Treppenhäuser an den Ostecken des Sitzungssaales aufgefüllt. Für Heizung und Lüftung mußten neue Berechnungen erfolgen, und die Installation wurde teurer.

Der Wegfall der Kuppel als architektonische Dominante der Hauptfassade bedingte auch eine Veränderung der Eingangsgestaltung. Im Baubericht vom 15. Dezember 1889 heißt es: »Eine weitere Veränderung hat der Bauplan hinsichtlich des Mittelbaues der Westfront erfahren. Künstlerische Rücksichten lassen es geboten erscheinen, das Mittelportal mehr hervorzuheben, als es nach dem anfänglichen Projekte der Fall war. Andererseits hat die Durcharbeitung der Spezialbaupläne zu der Erkenntniß geführt, daß eine Rampenanlage von der bisher beabsichtigten Längen- und Breitenausdehnung gegenüber der mächtigen Front des Gebäudes unzulänglich sein würde. Die Säulenhalle wird das Mittelrisalit um etwa 8 m über der Baufluchtlinie hervortreten lassen.« (225) Für die Umarbeitung der Hauptfassade am Königsplatz erhielt der Schweizer Architekt Carl Zehnder den Auftrag.

Wegen der Entwurfsänderungen war die erwünschte Fertigstellung im Jahre 1892 natürlich nicht mehr machbar, auch dies setzte Wallot der Kritik aus. Der Baufortschritt zwischen 1884 und 1890 aber blieb unübersehbar. Bis zum April 1890 waren bereits 15 Millionen Mauerziegel verbaut worden und 13 167 Kubikmeter Natur- und Werkstein. Schon im Sommer wurden die Säulentrommeln aus Alt-Warthauer Sandstein von der Steinmetzfirma P. Wimmel mit einer »Schälmaschine« hergestellt, ihre Versetzung erfolgte aber erst später. Anfang Dezember 1890 begannen die Arbeiten am Eisengerüst für die Kuppel.

In den Reichstagssitzungen von Januar bis Mai 1891 wurden über die in großen Mengen zu verbauenden »edlen Materialien« heftige Debatten geführt. Da diese sowohl teuer waren als auch lange Lieferfristen hatten, gab es massive Forderungen nach billigerem und schneller beschaffbarem »Ersatz«. Und massiven Protest dagegen – so der Zentrumspolitiker Karl Bachem: »Wenn ich in ein Gebäude hineintrete, so soll ich sofort von demjenigen Geiste angeweht werden, der in diesem Gebäude wehen soll (Heiterkeit)... Das Gebäude soll gediegen sein, gediegen wie unsere Gesetzgebung (Heiterkeit), fest wie unser Deutsches Reich, und echt wie unsere deutsche Gesinnung. Dem muß das Material ganz entsprechend sein«. (226) Auch die Künstler meldeten sich in einer Petition an den Reichstag am 12. März zu Wort. Der Aufschrei half nicht, am 8. Mai wurde ein Beschluß gegen Naturstein gefaßt.

Die umstrittene Kuppel in ihrer endgültigen Form

Noch drei Jahrzehnte später nutzte Adolf Hitler in »Mein Kampf« diesen Vorgang zu zynischen Ausfällen gegen den Parlamentarismus: »Während ein einziges Schlachtschiff einen Wert von rund sechzig Millionen darstellte, wurde für den ersten Prachtbau des Reiches, der für die Ewigkeit bestimmt sein sollte, das Reichstagsgebäude, kaum die Hälfte bewilligt. Ja, als die Frage der inneren Ausstattung zur Entscheidung kam, stimmte das Hohe Haus gegen die Verwendung von Stein und befahl, die Wände mit Gips zu verkleiden; dieses Mal allerdings hatten die Parlamentarier ausnahmsweise recht gehandelt: Gipsköpfe gehören auch nicht zwischen Steinmauern.« (105, S. 291)

Im Juni 1891 begann Wallot mit der Planung des wichtigsten Raumes: »Ich habe mich in den letzten Wochen hauptsächlich mit der Architektur des Sitzungssaal's beschäftigt u. da ich nichts Rechtes herausbekommen habe, gerieht ich allmählich in eine so missmuthige, bärbeissige Stimmung, dass ich nicht wagte, mich meinen Freunden zu nahen.« (106)

Die Aufmerksamkeit der Öffentlichkeit aber richtete sich auf die Montage der Kuppel. Im August wurde die Laterne montiert, am 2. September fiel hier die Rüstung. Mit Hochdruck liefen die Arbeiten an der Fachwerkkonstruktion, um vor der Winterpause alle Vorbereitungen für die aufwendige Verglasung abzuschließen. Begonnen wurde damit im Frühjahr 1892, gleichzeitig begann die Vergoldung aller sichtbaren Konstruktionsteile. Im Herbst 1892, während Wallot in Zusammenarbeit mit seinem Frankfurter Freund Alexander Linnemann letzte Hand an die Planung des Sitzungssaales legte, wurde die Kuppelverglasung abgeschlossen. Im Dezember bekannte Wallot: »Die Kuppel am Reichstagsgebäude von Kupfer und Glas ist, wenn auch noch nicht ganz fertig, doch schon droben auf dem Bau. Dieses Opus ist ja eine große Kühnheit, – manchmal sehe ich dasselbe mit ganz verliebten Augen und zu anderen Zeiten schleiche ich da unten auf dem Platz mit gewaltigem Kater herum. Bei Gott allein ist die Wahrheit.« (107)

Im November 1892 schrieb Thiersch an Bluntschli: »Bei Wallot's hatten wir einen sehr gemüthlichen Abend... Wallot war jenen Abend bei vorzüglichem Humor, da man ihm die vollständige ›Verguldung‹ aller sichtbaren Kupfertheile seiner Kuppel gewährt hatte. Sein Bau hat mir sehr imponirt; er stellt eine so imposante und originelle Kraftleistung dar, daß man zugeben muß, daß es der bedeutendste Bau der neueren Deutschen Architektur genannt zu werden verdient. Sehr bedauerlich ist es, daß Wallot beim Kaiser und derselbe auch bei den vorgesetzten Geheimräthen in Ungnade gekommen ist und zwar unverdienter Maßen. Doch hat er immer noch den unbeugsamen Stiernacken und den gesunden Humor, der ihn über die meisten Widerstände hinwegkommen läßt.« (108)

Obwohl die Bauarbeiten am Reichstagsgebäude ohne Pause weitergeführt wurden, markierte das Jahr 1892 den Beginn der nun öffentlich spürbaren Abkühlung im Verhältnis zwischen dem Kaiser und Wallot. Eine Abkühlung, die nachhaltig Wallots Tätigkeit beeinträchtigte und durch die schon an Beleidigungen grenzenden Ausfälle Wilhelms das Selbstwertgefühl des Architekten berühren mußte. Schon im Sommer hatte er die Situation erkannt: »Zur Zeit sieht das Ganze nicht besonders günstig aus. Der Kaiser steht dem Bau – wohl als Erbschaft von seinem Vater resp. Mutter – sehr ungnädig gegenüber und das hat in einem Land, wie Preußen, eine große, sehr fühlbare Wichtigkeit. So hat man ewige Plackereien wegen der Mittel etc. kurzum, beneide mich nicht um mein Los. Es ist ein undankbares nach vieler Richtung.« (106)

Den offenen Affront löste Wilhelm II. am 25. April 1893 bei einem Empfang für die deutsche Künstlerkolonie in Rom aus. Um seine Meinung über die Kunst in Deutschland gebeten, antwortete er, daß er das Reichstagsgebäude als »Gipfel der Geschmacklosigkeit« betrachte. Das »Berliner Tageblatt« schrieb mit Berufung auf den »Rheinischen Courier«: »Diese Kritik ist überraschend nur für die weitere Öffentlichkeit; in engeren Kreisen weiß man es längst, daß dem Kaiser Wallots Reichstagspalast mißfällt. Erst vor einigen Monaten hat der Kaiser auf einer Soirée beim Herrn von Bötticher etwas Aehnliches wie jetzt in Rom gesagt.« (110)

Das »Kaiserwort« beleidigte beinahe alle ernsthaften deutschen Künstler, nicht nur die neben Wallot am Bau beteiligten, sowie die Juroren und die Wettbewerbsteilnehmer von 1882. Es gab spontane Kundgebungen und Ehrungen für den gekränkten Wallot im In- und Ausland. Ganz Deutschland schien mit Wallot solidarisch, und der Beginn von Wilhelms Unpopularität hat hier möglicherweise einen Ursprung. Wallot zeigte nach außen keinerlei Reaktion, vor seinen Freunden aber verbarg er seine Gefühle nicht. In einem Brief an Bluntschli vom 6. Mai 1893 beklagte er sein Los: »Für heute nur ein paar Worte, auf daß Du siehst, daß ich noch lebe und daß der Strahl des kaiserlichen Gassenbuben mich nicht niedergeschmettert hat. Was will man da machen, wenn man in solcher Weise und von solcher Stelle angesungen wird. Wenn ich auch zu meiner Freude feststellen kann, daß der kaiserl. Schreier – der immer verblüffend und geistreich sein will, ohne es in Wirklichkeit zu sein – mit seinem Urtheil ziemlich allein steht, so ist es doch keine Kleinigkeit, so vor den Augen der ganzen Welt an den Pranger gestellt zu werden. Begas ist der Ohrenbläser und zugleich derjenige, auf dessen Genie und Urtheil der Kaiser und seine liebe Frau Mamma – vom Papa lohnt es sich nicht zu reden – unbedingt schwören... Und all diese Süßigkeiten, welche Reinhold dem Wilhelm im Lauf der Jahre einflößte, polterte dieser dann in seiner Lieutenantsmanier in Rom heraus ... genug – er ist ein gewöhnlicher, niederträchtiger Hund, für den auf anderem Gebiet Deutschland die Zeche wird bezahlen müssen. Denn es ist wohl anzunehmen, daß der Kaiser auf anderem Feld, sagen wir dem militärischen, genau so verfährt, wie hier auf dem Kunstgebiet. Nur können wir seine Arbeit auf letzterem Gebiet genauer übersehen.« (111)

Schon nahte die nächste Schlacht im »Wilhelm-Wallot-Krieg«. Auf der großen Berliner Ausstellung, die alljährlich von Mai bis Oktober stattfand, stellte Wallot 1894 seine Entwürfe für einen Umbau des Königsplatzes aus, die allseits mit Zustimmung aufgenommen wurden. Bereits im Juni beschloß die Jury einstimmig, Wallot die Goldene Medaille zu verleihen. Am 27. September legte der Kultusminister diesen Vorschlag dem Kaiser vor.

Aber Mitte August geschah in der »Berliner Medaillenangelegenheit« seltsames. Die Kommissions- bzw. Jurymitglieder seien auf Reisen, so daß es erstmals unmöglich sei, die Medaillen vor Ende der Ausstellung zu verleihen. »Diese Entschuldigung ist einfach lächerlich... Das Wahrscheinlichste ist, dass die vielleicht schon gemachten Vorschläge sich im Widerspruch mit der Meinung des Kaisers befinden«. (115) So war es auch, Wilhelm verlieh die Medaille der Porträtmalerin Vilma Parlaghy, die sich einen Namen mit schlechten Konterfeis von u. a. Moltke, Windthorst und Delbrück gemacht hatte und natürlich auch mit jeder Menge Kaiserbildnissen. Berlin und ganz Deutschland waren wieder einmal verärgert, für Wallot war Wilhelm fortan der »Medaillenaberkenner«. Der Spott der Presse zielte sicher über die Malerin auf ihren Gönner:

Die Kunstausstellungsmedaille:
Frau Vilma hat sie. Jeder äugt
Nach diesem Schmuck an ihrer Taille.
Und ruft von Grund aus überzeugt:
Groß ist sie - die Medaille! (116)

Wappen-Schmuck und Skulpturen in der Südeingangshalle

Kunst am Bau

Ein besonders diffiziles Problem an und im Reichstagsbau war die künstlerische Ausgestaltung. Sowohl in den extremen Auffassungen zwischen der intellektuell geprägten Sparsamkeit, die der notwendigen Unverwechselbarkeit des Hauses entgegenstand, und einer dem Zeitgeschmack geschuldeten Überfrachtung als auch im Anspruch der deutschen bildenden Künstler, in repräsentativer Breite mit Werken vertreten zu sein, gab es schier unüberwindliche Widersprüche. Mit der Schlußsteinlegung und damit der Übergabe des Baues an die Öffentlichkeit waren die bildkünstlerischen Arbeiten nicht abgeschlossen. Sie zogen sich nach Wallots Tod bis in die Weimarer Republik in einem gänzlich veränderten gesellschaftlichen Umfeld hin.

In der zeitlichen und künstlerisch-inhaltlichen Abfolge lassen sich vier große Abschnitte erkennen: 1. Die Zeit von 1888 bis zur Schlußsteinlegung, in der Wallot die alleinige Verantwortung der Ausschmückung hatte, Aufträge meist ohne Rücksprache mit der Reichstagsbaukommission vergab und sich hauptsächlich um den Außenschmuck kümmerte; 2. die Phase von der Schlußsteinlegung im Dezember 1894 bis zum Frühjahr 1899, als Wallots Eigenmächtigkeiten zunehmend durch die Reichstagsbaukommission und die nachfolgende Reichstagsausschmückungskommission eingeschränkt wurden; 3. die Zeit zwischen der sogenannten »Stuck-Affäre« und Wallots Tod 1912, in der er nur beratend eingreifen durfte, und 4. die Zeit danach, vor allem die Zeit bis zum Ende der Weimarer Republik, in der die Kommission mit kleineren Aufgaben beschäftigt war.

Bereits 1888 hatte Wallot Programme für die künstlerische Ausschmückung entwickelt, und zu Beginn des Jahres 1889 war seine Konzeption so weit fortgeschritten, daß er Aufträge für wichtige Außenskulpturen vergeben konnte. Für die Vergabe war maßgebend, die Auswahl der Künstler nicht auf Berlin zu beschränken. Mit Ausnahme von Fritz Schaper war Wallot bis etwa 1894 in seiner Künstlerwahl vollkommen unabhängig.

Eines der Mittel, die Wallot zur Darstellung der Reichsidee benutzte, waren Wappen. Freilich hat er diese nicht so eng empfunden, wie es die Berufsheraldiker gerne gesehen hätten. »Der Millionenbau steht nun fertig da, großartig in seiner Ausdehnung, doch mit so argen, so unglaublichen Fehlern, wie sie kaum zu denken sind, ... das Reichstagsgebäude ist mit heraldischem Schmuck überladen, es ist zu viel, ermüdend viel. Der Baumeister desselben hat sich sichtlich bemüht, in der Hieroglyphenschrift der Heraldik sich zu äußern, doch jene Schrift war ihm nicht geläufig; dasselbe was dem Laien in dem Vermischen der Formen verschiedener Stilarten als Unklarheit des architektonischen Denkens erscheint, tritt auch als Sinn der heraldischen Schrift zutage: das collegium logicum fehlt!« (141, S. 461)

Doch Wallot lag es fern, die Heraldik so eng zu verstehen: »Für ihn seien diese Elemente der Heraldik Schmuckmittel, auf deren mannigfaltigste und wiederkehrende Anwendung er nicht verzichten könne, in Anbetracht des engbegrenzten Gebiets, aus dem er zu schöpfen habe, um seine Schmuckformen in Beziehung zum Zweck des Gebäudes zu setzen und sie so eine gehaltvolle und lebendige Sprache reden zu lassen.« (142)

Wallot konnte die Ausschmückung in vier Gruppen einteilen: 1. Als Einzelaufträge an namhafte Künstler vergebene Hauptwerke innen und außen wie die »Germania im Sattel« von Reinhold Begas, die zwei Ritter der Ostseite von Rudolf Maison und das gegen seinen Willen von Fritz Schaper ausgeführte Giebelfeld über dem Westportal; 2. Großprogramme, für deren Realisierung mehrere Künstler notwendig waren, wie das Programm der 16 Turmskulpturen, das er von K. E. O. Fritsch erbat; 3. Aufstellung vieler Kunstwerke und Werke des Kunstgewerbes in verschiedenen wichtigen Räumen und Verkehrsflächen, mit deren Programm und Ausführung hauptsächlich sechs Künstler – Otto Lessing, Wilhelm Widemann, Oskar Dedreux, August Vogel, Alexander Linnemann und Georg Hulbe – beauftragt waren; 4. kleinere und größere Einzelwerke, die von einzelnen Künstlern ausgeführt werden konnten, wie die Deckenmalerei von Otto Hupp im Restaurant.

Wallot kam es in erster Linie nicht auf das Programm, sondern auf die künstlerische Wirkung an: »Wie Dir bekannt ist, stehen auf den je 4 Kropfsäulen an den 4 Eckthürmen des Reichstagsbaus Figuren, also im Ganzen 16«, schrieb er an Fritsch. »Der letzten Parlamentsbaucommission erklärte ich, dass es auf den seelischen Inhalt solcher hochgestellten Damen u. Herren eigentlich gar nicht ankomme, sondern nur auf die Silhouette derselben – gleichwohl aber sei es doch richtig, der Figur ein Motiv zu Grunde zu legen u. wenn auch nur deswegen, um dem Bildhauer das Handwerk zu erleichtern. ... Es sei wohl das wichtigste sich von dem Zweck der Räume ... leiten zu lassen – also seien am SW Thurm, der einen Erfrischungsraum in sich berge, Figuren zur Aufstellung zu bringen, welche den heiteren Lebensgenuss symbolisierten, u. so weiter. Sage mir Freund, wie die einzelnen Kinder da oben benannt werden sollen u. insbesondere sorge dafür, dass ein angenehmer Wechsel zwischen der zottichen Mannesbrust u. dem zarten, ach so schön gebildeten Gegensatz entsteht.« (143)

Den größten Teil der Ausschmückung übernahmen die sechs durch Wallot bestimmten Künstler. Vogel hatte für die Außenkandelaber und hauptsächlich für den plastischen Schmuck im Plenarsaal zu sorgen, Widemann für große Skulpturen und Türkartuschen in der Wandelhalle, Lessing für ausgesuchte Skulpturen ebenfalls in der Wandelhalle und über dem Südportal, Linnemann für die Glasfenster und andere architektonische Details in Bundesrats- und Plenarsaal, Dedreux für die Leuchtenkörper im gesamten Hause und Hulbe für die Lederarbeiten.

Schon die große Anzahl angefertigter Plastiken läßt den Schluß zu, daß hier industriemäßig gearbeitet wurde. Lessings und Widemanns Tätigkeit war so umfangreich, daß sie einen Atelierleiter, Friedrich Volke aus München, engagierten, um den großen Stab ausführender Bildhauer zu leiten. Linnemann führte seine Arbeiten in seinem Familienbetrieb in Frankfurt aus,

Fassadendetails: Wächter über der Ostseite (oben)
und einer der Wappenbäume der deutschen Bundesstaaten an der Westseite

Deckengemälde im Bundesratssitzungssaal

Treppenzwickel in der östlichen Eingangshalle

Dedreux leitete die Lampen- und Kleinbronzeabteilung der Augsburger Firma L.A. Riedinger und Hulbe zwei Lederateliers in Berlin und Hamburg.

Zwischen 1890 und 1895 wurden die wichtigsten Bildhauerarbeiten in Auftrag gegeben und ausgeführt. Begas schuf seine »Germania im Sattel«, Schaper das Giebelfeld darunter, das ihm selbst und auch Wallot nicht gefiel. Maison fertigte die zwei berittenen Herolde auf der Ostseite; die Figuren sind allerdings erst im April 1896 auf ihre Standorte gehievt worden. Dedreux erhielt wohl seinen Auftrag für den Riesen-Kronleuchter der Kuppelhalle schon 1892 oder 1893. Die schwere Ringkrone hatte einen Durchmesser von acht Metern und wog 170 Zentner, im November 1895 wurde sie installiert.

Ab 1895 konnte Wallot endlich mit der Auftragsvergabe der Malereien beginnen. Neben Ludwig Dill, Carl Ludwig, Karl »Chiemsee«-Raupp erhielten Gustav Schönleber und Eugen Bracht den Auftrag für große Landschaftsbilder. Die Ansichten von Straßburg und Kap Arkona auf Rügen wurden Ende November 1897 enthüllt. Dills Wartburg-Bild blieb lange Zeit ein Gegenstand des Anstoßes. Es hat offenbar jahrelang mit einem Hinweisschild, es sei »unvollendet«, im Lesesaal gehangen.

Etwa Anfang Februar 1897 wurden das Programm für die acht 2,4 Meter hohen Skulpturen der Südeingangshalle und die Namen der Autoren bekannt. Die Reihe begann links vom Eingang mit Peter Breuers »Karl dem Großen«, gefolgt von Brütts »Heinrich I.«, Maisons »Otto dem Großen« und Ludwig Manzels »Heinrich III.«; gegenüber sollten in gleicher Reihenfolge Max Baumbachs »Friedrich I. Barbarossa«, Vogels »Rudolph von Habsburg«, Diez' »Karl IV.« und Widemanns »Maximilian« aufgestellt werden. In dieser Zeit gab es auch die ersten Meldungen über einen beschränkten Wettbewerb für ein Standbild Kaiser Wilhelms I. in der achteckigen Kuppelhalle. Obwohl u. a. Brütt, Diez und Maison aufgefordert waren, erhielt einige Jahre später Johannes Pfuhl den Auftrag.

Widemann schlug als Programm für die Brüstungen zwischen den Kuppelfeldern in der Wandelhalle allegorische Darstellungen vor: »Begeisterung«, »Ruhm«, »Weisheit« und »Macht«. Diese Figuren wurden von Albert Hildebrand ausgeführt. Gegenüber hatte der Dresdener Bildhauer Johannes Schilling die Figuren »Liebe«, »Gerechtigkeit«, »Forschung« und »Wahrhaftigkeit« und an anderer Stelle der in Rom lebende Karl Hilgers Verkörperungen der »Mäßigung«, »Kraft«, »Wohltätigkeit« und »Vorsicht« geschaffen. Die Nordhalle sollte Linnemanns Glasfenster »Eintracht« und »Zwietracht« erhalten.

Als Boetticher am 30. Juni 1897 wegen eines unterlassenen Kaiserhochs entlassen wurde und Arthur Graf von Posadowsky-Wehner sein Amt als Staatssekretär des Innern und Stellvertreter des Kanzlers übernahm, wurde es für Wallot schwieriger. Hatte Boetticher in seiner Gutmütigkeit Wallot häufig gedeckt, war Posadowsky dazu weniger bereit. Und so kam es am 11. Dezember 1897 zu einer Auseinandersetzung im Reichstag, die zu einer deutlichen Erschwerung für Wallots Arbeit führen mußte. Am 31. Januar 1898 wurde im Plenum beschlossen, den Auftrag an die Parlamentsbaukommission als erfüllt anzusehen und die Einsetzung einer Ausschmückungskommission vorzuschlagen; der Bundesrat stimmte Mitte März 1898 zu.

Die künstlerische Ausgestaltung des Wallot-Baues hatte so richtig erst nach seiner baulichen Fertigstellung beginnen können und war im wesentlichen um die Jahrhundertwende abgeschlossen. Im Detail wurde dann noch vieles getan und fortlaufend Wallots Programm »ergänzt«.

Von den größeren Werken fehlten vor allem noch die Gemälde im Plenarsaal, insbesondere die drei »Übergrößen« hinter dem Präsidium; das mittlere sollte 45 Quadratmeter, die beiden seitlichen 22 Quadratmeter bedecken. Wallots Versuch, Anton v. Werner ins Spiel zu bringen, scheiterte an der Stimmung des Reichstags gegen den 1890 gestürzten Bismarck. Ohne dessen Gestalt war das Hauptmotiv »Kaiserproklamation« 1871 undenkbar. Im August 1907 erhielt der Münchner Angelo Jank, Romantiker mit impressionistischem Einschlag und einem Faible für Pferde und Jagdszenen, den Auftrag, nachdem vorausgegangene Wettbewerbe unbefriedigend geblieben waren. Am 1. Oktober 1908 waren die Bilder vollendet und im November im Saal, und in für den Reichstag fast gewohnter Weise kam es zum Aufruhr.

Diese Feuerplatten
schmückten den Kamin im Erfrischungszimmer

Jank hatte für das Hauptbild die Siegesfeier bei Sedan am 2. September 1870, für das linke Feld den Reichstag zu Paderborn im Jahre 777, für das rechte die Unterwerfung der Vertreter der lombardischen Städte unter Friedrich Barbarossa im Jahre 1158 gewählt. Aufsehen erregte, abgesehen von den »nichtparlamentarischen« Themen der Bilder, vor allem das große Bild der Sedanfeier. Die französische Zeitung »Le Journal« druckte am 29. November 1908 eine Beschreibung der drei Bilder aus der »Berliner Morgenpost« nach und empörte sich über die – gewollte oder ungewollte – Beleidigung Frankreichs: Auf dem Sedanbild ziehe Kaiser Wilhelms Pferd die französische Trikolore in den Staub. In einem gedruckten Pamphlet stellte der Regensburger Reichstagsabgeordnete Maximilian Pfeiffer fest, die Bilder hätten »keine freudigen Gefühle ausgelöst«, es wäre besser gewesen, »Momente aus der Geschichte des deutschen Parlaments« zu wählen. Das Hauptgemälde zeige »von der Siegesstimmung an diesem Tage nicht das geringste. Die Figur des alten Kaisers wie der Kreis seiner Paladine ist nicht von jener inneren Hoheit getragen, die nach außen sich widerspiegeln muß«. (177)

Friedrich Dernburg gab Aufklärung über den sachlichen Hintergrund der Ablehnung: »Die Frage erhebt sich, ob es angemessen war, in den Mittelpunkt der deutschen Volksvertretung ein solches Schlachtbild zu stellen. Diese Frage ist entschieden zu verneinen ... Von höfisch-militärischer Seite wurde der Schlachttag von Sedan als eine spezielle Huldigung für Kaiser Wilhelm und das Heer empfohlen und durchgesetzt ... Man fügte sich der vollzogenen Tatsache der Anordnung, aus Pietät gegen den alten Kaiser unterließ man einen lauten Widerspruch.« (178) Dernburg führte auch das Unbehagen gegenüber dem internationalen Publikum an – der Reichstag war inzwischen bereits auch ein »Kongreßzentrum« geworden.

Sachlich blieb die juristische Auseinandersetzung übrig. Die Zeitschrift »Werkstatt der Kunst« (15. Februar und 1. März 1909) kam zu dem Schluß, daß dem Künstler sein volles Honorar zustehe. Der Erlanger Jurist Prof. Dr. Allfeld sah darüber hinaus ein Recht des Künstlers auf die Hängung seiner Bilder am vereinbarten Ort.

Anfang 1909 beschloß die Reichstags-Ausschmükkungskommission, die Bilder aus dem Sitzungssaal zu entfernen. Sie sind später in den Sitzungssaal des Hauptausschusses gekommen, wo sie bis zum Reichstagsbrand hingen. Die Flächen im Plenarsaal blieben fortan leer.

Vollendung und Schlußsteinlegung

Anfang 1893 waren die Arbeiten an der Inneneinrichtung des Hauses in vollem Gange. Die gläserne Zwischendecke, die den Sitzungssaal von der Lichtkuppel trennte, wurde nach Maßgabe Linnemanns installiert. Für die Inneneinrichtung vergab Wallot weitere größere und kleinere Aufträge und beschäftigte sich mit allen künstlerischen Details. Anfang April begann auch der Bau der lange umstrittenen Rampe.

Im März 1894 war der Sitzungssaal bis auf die Parkettfußböden und die Aufstellung der Sitzplätze nebst Pulten fertiggestellt. Dazu gehörten die Decken und die Wandbekleidung sowie die vergoldeten Karyatiden. Neben dem Sitzungssaal und der Bibliothek fand verständlicherweise das Restaurant die größte Aufmerksamkeit der Journalisten. Das Buffet im alten Reichstag, genannt »Fraktion Müller« oder »Schulze«, je nach Pächter-Namen, war immer die beste Nachrichtenbörse. Die Räume lagen im Hauptgeschoß in Richtung des Königsplatzes, maßen 29 x 10 Meter, waren getäfelt, mit bequemen Sesseln ausgestattet und hatten von dem berühmten Buchillustrator Otto Hupp aus München bemalte Decken, an denen Wappen und Disteln zu einem ornamentalen Ganzen verwoben waren.

Dieser »Prachtraum« erschien den Abgeordneten zu hell, und man hoffte, daß sich die Decken mit der Zeit aufgrund des zu erwartenden Zigarrenqualms verdunkeln würden. Wegen der Buntglasfenster in süddeutscher Manier wurde das Haus spöttisch »Wallotbräu« genannt. Man erhoffte sich auch einiges vom Kamin zur Verbesserung der Behaglichkeit.

Mit der eindeutigen Parteinahme der Fachwelt und interessierten Öffentlichkeit für Wallot während der »Medaillenaffäre« und dem Fortschritt am Bau hätte man annehmen können, daß die persönlichen Angriffe gegen Wallot langsam eine Ende hätten. Aber, ließ der Druck aus dem Hohenzollernschloß einmal nach, sprangen andere in die Bresche. Anfang Oktober 1894 erschien in Wien ein Aufsatz des Kunsthistorikers und Kritikers Karl v. Lützow, in dem er das Reichstagsgebäude heftig und unsachlich angriff. »Und doch muß es leider constatirt werden, was ohnehin die ganze deutsche Fachwelt schon weiß und was Jeden, der an

Aufwendig gestalteter Eingang
zur Wandelhalle in der südlichen Vorhalle

Die Westfront des vollendeten Reichstagsgebäudes mit der imposanten Kuppel

Bücherei und Lesesaal, im Hauptgeschoß an der Frontseite gelegen

Eine beeindruckende Stahlkonstruktion beherbergte den Bücherspeicher des Reichstages

Heute teilweise überbaut: Ein Innenhof des Reichstages

Der Südost-Turm in vollem Dekor

Längsschnitt in Nord-Süd-Richtung

der Entwicklung der künstlerischen Dinge in Deutschland ernsten Antheil nimmt, mit Schmerz erfüllen muß: daß dieser mit dem Aufwande von mehr als dreißig Millionen Mark errichtete colossale Bau, der vor allen anderen dazu berufen wäre, die Macht und Herrlichkeit des neuen Reiches für jetzt und alle Zukunft der Menschheit zu verkünden, eine völlig verunglückte Schöpfung ist...«. (119) Und der »Gipfel der Geschmacklosigkeit« – Wilhelms Worte in Rom – durfte natürlich nicht fehlen.

Wallot machte mit dem Reichstag wirklich Höhen und Tiefen durch – ob Schmähungen aber durch Ehrungen eliminiert werden? Zumindest lindern sie, und Wallot erfuhr manche Linderung: Ehrenmitglied des Architekten-Vereins, Ehrenprofessor, Ehrendoktor. Diese demonstrativen Auszeichnungen waren natürlich auch als Antwort auf des Kaisers Fauxpas gedacht gewesen.

Ob Wallot schon früher an einen Weggang aus Berlin gedacht hatte, ist zu bezweifeln. Aber als Cornelius Gurlitt aus Dresden anfragte, ob Wallot nicht die durch den Tod von Konstantin Lipsius am 10. April 1894 vakant gewordene Professur für Architektur an der dortigen Kunstakademie annehmen wolle, sagte er ohne zögern zu, wenn auch mit Bedauern.

Wallot trat sein Amt in Dresden am 1. Oktober 1894 an. Für die nächste Zeit wurde er zum »Pendler«, ein Umstand, der sich natürlich nachteilig auf Dresden, auf das Reichstagsgebäude und auf Wallots Gesundheit auswirken mußte. Dennoch mußte der Reichstag fertiggestellt werden.

Haeger hatte die Aufgabe, das Gebäude auf die Gebrauchsabnahme vorzubereiten. Nach dem detaillierten Mängelbericht der Berliner Baupolizei vom 29. September galt es, die allzu glatten Treppen und schlecht beleuchteten Korridore zu verändern und andere Mängel abzustellen, bevor das Haus endlich seiner Nutzung übergeben werden konnte.

Zu den allerletzten Vorbereitungsmaßnahmen der Einweihung gehörte die Aufstellung einer Ordensliste durch die Ordenskanzlei im Civil-Cabinet. Auch hier mußte Wallot, sozusagen als Abschied, eine große Beleidigung einstecken: Am 16. November wurden Haeger, Wallot und Wittig für den Königlichen Kronen- bzw. den Roten-Adler-Orden vorgeschlagen. Wilhelm aber hat den Namen von Wallot nicht bestätigt, sondern ihn zum 1. Dezember lediglich zum Geheimen Baurat befördert.

Die Vorbereitungen für die Schlußsteinlegung liefen auf Hochtouren. Am 1. Dezember veröffentlichte die Presse das amtliche Programm der Schlußsteinlegungs-Feier, das bereits zusammen mit den Einladungen, Einlaß- und Wagenkarten sämtlichen teilnehmenden Gästen zugegangen war. Am gleichen Tag zogen bereits das Reichstagsbüro und das Kaiserliche Telegrafenamt mit Poststelle in das neue Haus ein. Am 3. Dezember fiel der Bauzaun, und es wurde begonnen, den kaiserlichen Eingangspavillon herzurichten.

Um die Akustik in der achteckigen Halle zu prüfen, fand am Mittag des 4. Dezember auf der Kuppelgalerie in der Wandelhalle eine Orchesterprobe statt, die durchaus befriedigte. Der »Berliner Lokalanzeiger« vom 5. Dezember meldete, daß das ganze Haus über Nacht elektrisch beleuchtet sei. »In dem Lesesaal, der auch die weitgehendsten Ansprüche befriedigen dürfte, sind die Diener damit beschäftigt, die eingegangenen Journale zu sortiren. Bereits am heutigen Tage werden die Abgeordneten Lesezimmer und Bibliothek vollständig im Stand finden ... In dem Sitzungssaal, der im milden Glanz der elektrischen Beleuchtung einen traulichen, freundlichen Eindruck macht, wenn diese Beschreibung auf einen Raum Anwendung finden darf, der so viele grimme Fehden und männermordende Schlachten sehen wird, werden vom Tische des Bundesraths, der Tribüne und von den Plätzen aus Hörproben angestellt: sie nehmen einen zufriedenstellenden Verlauf.« (122) Mit Befremden verbreiteten viele Zeitungen aber die Nachricht, daß die Inschrift »Dem Deutschen Volke« im Giebelfeld über dem Westportal fehle, ohne dies jedoch überzubetonen.

Wie die Grundsteinlegung vom 9. Juni 1884 war auch die Schlußsteinlegung am 5. Dezember 1894 ein vorwiegend militärisches Schauspiel – für Eingeweihte allerdings auch ein Intrigenspiel, das vorwiegend vom Antagonismus zwischen Wallot und Wilhelm ausging und mit verbissenem Geschick betrieben wurde.

Da die Schlußsteinlegung mit der alljährlichen Eröffnung des Reichstages im Schloß gekoppelt werden sollte, wurde diese an den Anfang der Zeremonie gestellt. Wilhelm hielt eine nichtssagende Thronrede, die von fast allen Zeitungen mit Enttäuschung aufgenommen wurde. Danach fuhren das Kaiserpaar und die anderen wichtigen Gäste zum Reichstag.

Die meisten Blätter kritisierten die Tatsache, daß der Reichstagspräsident v. Levetzow abermals, wie bei der Grundsteinlegung, in der Uniform eines Landwehrmajors erschienen war. Im Witzblatt »Wespen« nannte Julius Stettenheim das Schauspiel respektlos »Wallotsteins Lager.« (126) Die Zeremonie bot wenig Überliefernswertes, es war schlichtweg Kaiserpomp. Dazu zählte auch der Text der Schlußstein-Urkunde, eher eine »monarchistische« denn eine »parlamentarische«:

Wir WILHELM, von Gottes Gnaden Deutscher Kaiser, König von Preußen, thun kund und fügen zu wissen, daß Wir beschlossen haben, im Namen der Fürsten und Freien Städte des Reiches und in Gemeinschaft mit den verfassungsmäßigen Vertretern des deutschen Volkes den Schlußstein zu dem Hause zu legen, in welchem die gesetzgebenden Körperschaften fortan ihrer Arbeit walten sollen. (...) Es bleibe der Bau ein Denkmal der großen Zeit, in welcher als Preis des schwer errungenen Sieges das Reich zu neuer Herrlichkeit erstanden ist, eine Mahnung den künftigen Geschlechtern zu unverbrüchlicher Treue in der Pflege dessen, was die Väter mit ihrem Blute erkämpft haben.

Das walte Gott!...

Gegeben in Unserer Haupt- und Residenzstadt Berlin am fünften Dezember des Jahres Eintausend acht Hundert und vier und neunzig.

gez. Wilhelm

gegengez. Fürst zu Hohenlohe (127)

Für den Hausherrn, das erste gesamtdeutsche Parlament, zeichnete dagegen niemand.

Die ganze offizielle, d.h. öffentliche Zeremonie, war binnen einer halben Stunde abgehandelt. Selbst in solch doch historischen Moment konnte Wilhelm sich seine makabren Scherze mit Wallot nicht verkneifen. Nachdem er versucht hatte, Wallot über die Fallstricke höfischer Etikette stolpern zu lassen, kam wirklich der Gipfel der Geschmacklosigkeit. Darüber schrieb Wallot im Januar 1895 an Bluntschli: »Die Situation war lächerlich über alle Maßen – was sagst Du zu dieser ›Majestät‹ diesem Medaillenaberkenner? Und als alles vorüber war und unten die Soldaten im Stechschritt vorüberzogen und der hohe Herr sich verabschiedete, da sagte er zu H. v. Bötticher: ›Na, soll ich ihm doch noch die Goldene geben?‹ Um diese großartige Hochherzigkeit des Herrscher's nicht gehört haben zu brauchen, drückte ich mich schleunigst auf die Seite hinter einen Vorhang.« (128) Daß Wilhelm in seiner vertraulichen Privatkorrespondenz, am 9. Dezember an seinen Freund v. Eulenburg, vom »Reichsaffenhaus« schrieb, hätte Wallot wohl auch nicht mehr erschüttert.

Schlußsteinlegung am 5.12.1894 durch Wilhelm II.
Rechts unten mit Zylinder Adolf v. Menzel

Von linker Seite, vom »Hamburger Echo«, wurden zwei Einzelheiten berichtet, die es wert sind, festgehalten zu werden. Die eine Notiz besagte, daß die Aufräumarbeiten nach der Feier von Soldaten ausgeführt wurden, während Tausende Berliner arbeitslos seien. In der anderen hieß es: »Die Möbel des Zimmers, in welchem die sozialdemokratischen Abgeordneten jetzt ihre Fraktionssitzungen abhalten, sind dem Bundesrathszimmer des alten Reichstagsgebäudes entnommen; auf den Stühlen, die früher die Rückseite der Bundesräthe, dieser berufenen Stützen der Gesellschaft, gastlich beherbergten, führen jetzt die sozialdemokratischen Abgeordneten ›Umsturz‹ und Revolution aus, und auf den Sessel, von dem einst Bismarck seine hausmeierischen Blitze herabschleuderte, wird sich jetzt der Vorsitzende der sozialistischen Fraktion setzen. Wenn unsere Gegner das erfahren, klingt ihnen wohl so etwas in die Ohren, wie ›Zukunftsmusik‹.« (129)

Fast idyllisch wirkt der monumentale Bau in der Winterlandschaft, Aufnahme von Max Missmann 1907

Die Masse der poetischen Huldigungen dürfte dem wenig kunstverständigen Kaiser sicher gefallen haben, literarischen Wert konnten sie nicht beanspruchen:

Doch ob die Fluth auch brausend
Aufschäume bis zum Strand -
Die fast ein halb Jahrtausend
Beschirmt das Preußenland.
Die Hohenzollernkrone
Bleibt Fels im Fluthgebraus
Sei, Gott, du mit dem Throne
Und auch mit diesem Haus (130)

Und wieder, wie in der Medaillenaffäre, standen Berlins Architekten und Künstler geschlossen hinter Wallot und zahlten Wilhelm die so allgemein empfundene Nichtachtung ihres Berufsstandes sehr öffentlich zurück. Zwei Tage nach der Schlußsteinlegung bereiteten 500 bis 800 Architekten, Künstler und Freunde für Wallot eine Feier im Krollschen Etablissement gegenüber dem erleuchteten Reichstagsgebäude, über die die Zeitungen mit fast demselben Fleiß berichteten wie über die Schlußsteinlegung.

Späte Widmung: »Dem deutschen Volke«

Wenn es auch verständlich ist, daß die künstlerische Ausstattung des Reichstagsbaues zu seiner Einweihung nicht vollendet war, verwunderte das Fehlen der programmatischen und politisch wichtigen Widmungsinschrift schon die Zeitgenossen.

Die Idee für diese Inschrift hatte vermutlich Wallot selbst. Im Jahr 1893 veröffentlichten Fachzeitschriften eine Zeichnung des fast fertigen Hauses mit dem Weihespruch am Giebel. Über die Widmung wurde aber erst geschrieben, als man ihr Fehlen bemerkte, und das war zur Einweihung.

Als erstes Blatt vermeldete es der »Vorwärts« am 5. Dezember 1894 sozialdemokratisch-skeptisch: »... es ist sogar für uns recht vorteilhaft, daß jene Marmortafel merkwürdigerweise leer gelassen worden ist, auf die nach dem Plane des Baumeisters gemeißelt werden sollte: ›Dem deutschen Volke‹. Somit ist der Raum noch frei, und wir können später nach Belieben eine passende Bezeichnung wählen.« (155) An entsprechenden, zumeist politisch-kritischen, »Vorschlägen« ließ es die Presse dann auch nicht fehlen. In Anspielung auf die uniformstrotzende Einweihung gehörte zu den ersten Varianten »Dem Deutschen Heere«. (157)

Die Meinungen waren geteilt. Der Abgeordnete Friedrich Payer bemerkte im Plenum am 12. Dezember 1894, daß das Fehlen der Inschrift der Förderung der Eintracht nicht sonderlich dienlich sei. Dagegen hatte der »Berliner Lokal-Anzeiger« am 11. Dezember geschrieben: »Nach unserer Meinung würde die Aufschrift ›Dem Deutschen Volke‹ sehr verwunderlich, naiv, beinahe komisch sein, darum ist es gut, daß sie fortgeblieben ist. Wer ist denn der Besitzer des Reichstagshauses von vornherein? Niemand anders als das deutsche Volk, welches der Bauherr war. Daß der Baumeister dem Bauherrn widmet, ist nicht üblich.« (158) Das »Berliner Tageblatt« brachte die Diskussion auf eine einfache Formel: »Es ist zehn gegen eins zu wetten: am Ende kommt doch nur eine Banalität heraus. Was in dem großen Haus vorgeht, das weiß jedermann, dazu bedarf es keines ›Schildes‹. Und was darin vorgehen soll, darüber gehen die Ansichten allzusehr auseinander. Die Franzosen nennen diese Art von Streit: ›Querelle allemand‹«. (163)

Die Reichsregierung gab erst am 10. Januar 1895 eine verlegene Erklärung ab: »Man beschloß, die Entscheidung über die Inschrift-Anbringung auszusetzen. Eine neue Sitzung der Baukommission steht unmittelbar bevor, und dort wird auch die Inschriftenfrage auf der Tagesordnung erscheinen.« Um der weitverbreiteten Meinung zu begegnen, daß die Entscheidung von Wilhelm II. bereits getroffen sei, hieß es weiter: »Die Entscheidung des Kaisers in dieser Frage ist noch nie angerufen worden, und eine allerhöchste Willensäußerung ist bisher nicht ergangen.« (159) Am 19. Januar schrieb Boetticher endlich an Wilhelm II., daß die Reichstagsbaukommission »heute mit 7 gegen 5 Stimmen ... die Inschrift ›Dem Deutschen Reiche‹ anzubringen« beschlossen habe. Wilhelms Randvermerk und Gegenvorschlag: »Der Deutschen Einigkeit«. (160)

Im Reichstag geschah traditionsgemäß nichts, was zur Klärung oder Erledigung der Angelegenheit hätte beitragen können. Von Zeit zu Zeit nahmen sich deutsche Publizisten des Themas an, das Unverständnis der Öffentlichkeit ob dieser politischen Schwerfälligkeit artikulierte sich deutlich, und Anspielungen auf Wilhelms Parlamentsfeindlichkeit waren unübersehbar.

Konkret wurde es aber erst 1915, als den Deutschen zu dämmern begann, daß der Krieg nicht nur ein kurzer Husarenritt, sondern ein langer Kampf ums Überleben werden würde. Jetzt wurde die Frage der Inschrift grimmig-ernst behandelt. In einem Artikel des »Leipziger Tageblatts« vom 5. August 1915 wurde aufs Neue die Inschrift »Dem Deutschen Volke« vorgeschlagen, um das getäuschte Deutschland mit dem Monarchen zu versöhnen. Der Unterstaatssekretär in der Reichskanzlei, Arnold Wahnschaffe, sah eine Chance, politisches Kapital zugunsten des Kaisers aus der Angelegenheit zu schlagen und schrieb am 21. August an den Chef des Civil-Cabinets, Dr. von Valentini:

»Eine nochmalige Ablehnung ... ist ja unter den heutigen Verhältnissen kaum denkbar. Deshalb sollte man es wohl auch gar nicht zu einer Erörterung kommen lassen, sondern vorbauen ... Am richtigsten wäre es, der Sache keine große Wichtigkeit beizulegen, sondern sie still zu erledigen, damit die alten unliebsamen Erinnerungen nicht wieder wach werden.« (166)

Dezember 1916 – Anbringung der Inschrift von Peter Behrens

Die Antwort auf seinen Brief kam telegrafisch am 25. August 1915, also schon vier Tage später: »auf schreiben vom 21: falls ausschmueckungskommission inschrift beschlieszt, wird kein widerspruch dagegen erhoben. nachsuchung ausdruecklicher genehmigung nicht mehr erforderlich. von valentini +«. (166) Wilhelm II. hatte seine Chance also auch erkannt. Der Reichstagspräsident Kaempf verkündete am 27. August vor dem Plenum, daß die Inschrift angebracht werden würde.

Das hätte der Schluß dieser Episode sein können. Es entbrannte jedoch – für Deutschlands Parlamentshaus schon fast zwingend – alsbald ein neuer Streit über die Frage, welche Schrifttype und welches Material verwendet werden sollten. Ungeachtet dessen gingen die konkreten Arbeiten ohne Rücksicht auf den Streit weiter. Ob der Reichstag oder die Ausschmückungskommission überhaupt noch einmal von der kaiserlichen Administration gefragt worden sind, ist unbekannt.

Kein geringerer als der Architekt Peter Behrens offenbarte sich 1934 als Schöpfer der Schrift. Er habe 1908 den Auftrag erhalten und die Herstellung der Kartons im Verhältnis 1:1 der Schriftkünstlerin Anna Simons übertragen, die Buchstaben wären 1,50 Meter hoch gewesen. In der Tat hat Behrens die Schrift entworfen, aber die Buchstaben waren – und sind – nur 60 Zentimeter hoch und sein Schriftwechsel mit Staatssekretär Theodor Lewald belegt, daß er erst gegen Ende des Jahres 1915 den Auftrag erhalten hatte. (167)

Die Buchstaben sind in den Vorweihnachtstagen des Jahres 1916 angebracht worden. Es ist merkwürdig, daß dies von den Medien kaum beachtet wurde. Als einzige Zeitung berichtete die »Spandauer Zeitung« vom 23. Dezember 1916. Mit der Unterschrift »Ein Weihnachtsgeschenk für das deutsche Volk« informierte sie ihre Leser über die Veränderung am Reichstag: »An der Giebelfront des Reichstagsgebäudes wird gegenwärtig die seinerzeit vom Reichstag genehmigte Inschrift ›Dem deutschen Volke‹ angebracht... Bei dem Guß der Buchstaben ist Bronze aus erbeuteten Geschützen des Jahres 1813 verwendet worden.« (169)

Der Reichstag und seine Erbauer
Arbeiter und Unternehmer

Als die Vollendung des Reichstages nahte, malte Franz Würbel ein kolossales Gemälde, auf dem 267 am Reichstagsbau mitwirkende Personen abgebildet sind. Weitere 150 Personen waren zwar namentlich bekannt, hatten aber keine Porträtvorlage bei Würbel abgeliefert oder waren bereits verstorben. Die schlesischen Steinbrucharbeiter, die Schlosser der Berlin-Anhaltischen Maschinen-AG, die Tapezierer von Voigt aber hatten auf diesem Bild keinen Platz. Nach diesem heute verschollenen Kolossalbild wurde eine Gedenklithographie mit Schlüsselblatt hergestellt, die noch existiert und es möglich macht, viele der am Bau Beteiligten zu identifizieren, wenn es auch »nur« die prominenten Künstler und die Unternehmer waren.

Die Zahl der am Bau beteiligten Firmen ist groß gewesen. Im Unterschied zur Industrie gab es noch keine Großbetriebe mit Stammbelegschaften, die relativ kleinen Bau- und Handwerksbetriebe mit fest angestellten Spezialisten verstärkten sich gegebenenfalls durch eine Vielzahl Tagelöhner oder wochenweise angestellte Arbeiter. Zu den großen Leistungen Wallots und seines Baubüros zählt auch die Organisation der vielen Ausschreibungen, die Koordinierung und Kontrolle der Leistungen und ihre Abrechnung.

Der überwiegende Anteil wurde von zumeist in der Branche bekannten Berliner Firmen erbracht. Am Rohbau waren die Maurerfirmen Ramelow und Krebs & Lauenburg als Konsortium für die Maurer- und Zimmerarbeiten verantwortlich, die zahlreiche Subunternehmer unter Vertrag nahmen. Die Fassaden wurden durch spezielle Steinmetzfirmen abschnittsweise übernommen, bekannt sind noch heute Zeidler & Wimmel, O. Metzing, O. Plöger und C. Schilling. Größte auswärtige Firma dieser Branche war Philipp Holzmann aus Frankfurt a.M., mit deren Firmengründer Wallot befreundet war. Nicht zu vergessen ist hier Paul Rasche, Steinmetzmeister und Vorsitzender der Steinbruch- (Besitzer-) Genossenschaft und einer der Hauptverdiener am Reichstag.

Den Zuschlag für die gesamte Heizung und Installation hatte von 34 Bewerbern David Grove, gebürtiger Engländer und seit 1864 preußischer Untertan in Berlin, erhalten. 1863 hatte Grove seine Firma gegründet, mit dem Großauftrag Reichstag war sein Vermögen 1894 auf 1,8 Millionen Mark angewachsen.

Emil Blum, Dr. Ing. h.c., Geheimer Baurat und Direktor der Berlin-Anhaltischen Maschinenbau-AG in Berlin, lieferte für den Bau des Reichstagsgebäudes Baumaschinen. Er hatte nicht nur Erfolg in Deutschland, sondern baute Gasanstalten in Rio, Helsinki, Osaka, Seoul und in den USA.

Was haben die Arbeiter bei Grove, bei Rasche, bei Blum oder anderen Firmen verdient? Die »Baugewerks-Zeitung« vom 24. Oktober 1883 gab eine Übersicht der Lohn-Verhältnisse auf Grund einer Erhebung vom 13. Oktober. Danach verdienten circa 47 Prozent aller Maurer 40 Pfennig pro Arbeitsstunde; Poliere, die circa zehn Prozent der Maurer stellten, zwischen 50 und 75 Pfennig. Daraus ergibt sich folgendes Bild: pro Jahr verdiente ein Polier rund 1000 Mark. Rasche verdiente dagegen 175 000 Mark.

Ähnlich war die Lage der Beschäftigten in den Installationsfirmen wie der Blums. Im Jahre 1886 betrugen die durchschnittlichen Wochenlöhne für den Meister einer solchen Fabrik 39 Mark, für den Schlosser 24,90 Mark, für einen Maschinisten 24 Mark, für einen Mechaniker 23,10 Mark und für einen Klempner 21,57 Mark. Dafür waren sie um 7.00 Uhr früh in der Fabrik und mußten bis 18.00 Uhr bei insgesamt 75 Minuten Pause arbeiten. Hier galt es als vorbildlich, daß man am Sonntag selten arbeitete und nachts nie. Eine Kündigungsfrist gab es nicht. Löhne wurden jeweils am Samstag nach der Arbeit um 14 Uhr auf dem Bau ausgezahlt. Ein Meister verdiente also höchstens rund 2000 Mark im Jahr, sein Chef circa das 65fache.

Wenn auch in der Schlußsteinurkunde behauptet wird, der Reichstag sei »fest gefügt durch deutsche Hände, ein Zeugniß deutschen Fleißes und deutscher Kraft«, so waren neben ausländischen Architekten auch Arbeiter aus südlichen Ländern beteiligt, und es wurde Steinmaterial aus Dalmatien, aus den Vogesen und aus Österreich verbaut.

Unter den Industriellen und Lieferanten findet sich der Name Odorico, ein Marmorlieferant italienischer Abstammung, der in St. Gallen zwei Geschäfte und offenbar Filialen in Dresden und Frankfurt a.M. unterhielt. Auch von einem italienischen Bauarbeiter, Gaetano Negri, ist der Name überliefert, weil er am 4. Mai 1891 im Alter von 26 Jahren beim Bau zu Tode kam.

Die Baupolizeiakte enthält die Namen mehrerer Dutzend Arbeiter, die in Unfälle bei den Bauarbeiten verwickelt waren. Nach zuverlässigen Quellen sind bei dem Bau 14 Menschen gestorben. Bekannt sind außer Negri lediglich die Namen von zwei Toten: des Tischlers Otto Keller, der am 27. Mai 1887 einen tödlichen Schädelbruch erlitt, und des 38jährigen Ernst Giersch, der am 7. September 1891 – seinem ersten Arbeitstag – zehn Meter in die Tiefe stürzte.

Über die Gefahren bei der Arbeit am Bau wußte der »Vorwärts« im Februar 1894 Beunruhigendes zu berichten: »Die mörderischen Wirkungen des Steinstaubes und die Unbilden der Witterung bringen unsere Kollegen im frühesten Mannesalter in die Gruft. Erwiesenermaßen sterben 90 pCt. aller Steinarbeiter frühzeitig an Lungenschwindsucht. Die letzten Jahre haben bei den Bildhauern dies vollauf bestätigt. Und so mancher brave Kollege hat schon den Keim des Todes in sich, so daß sich die Verlustliste in kurzer Zeit noch vergrössern wird. Wieviel Arbeiter, Zimmerleute und Maurer haben aber außerdem an diesem Bau ihren Tod durch Abstürzen und Erschlagen gefunden? 12 Familienväter sind es, soweit wir orientiert sind, die bis jetzt im Dienst der Unternehmer an diesem Bau verunglückt sind.« (114)

Architekten, Maler und Bildhauer

Ein Teil der Architekten, die bereits am der Bauausführung zugrunde liegenden Entwurf Wallots mitgearbeitet hatten, blieb auch nach der Grundsteinlegung am Bau. Nicht nur war der Entwurf ständig zu bearbeiten, auch die Leitung der Ausführung bedurfte größerer fachlicher Kompetenz als sie gemeinhin ein bauleitender Regierungsbaumeister hatte.

Direkt im Wallotschen Büro arbeitete bis 1896 Otto Rieth (1858-1911), schon in Frankfurt und dann im Entwurfsatelier bei ihm tätig. Ab 1897 war er Professor am Kunstgewerbemuseum in Berlin. Er hat in Berlin mehrere Wohnhäuser, Villen und Warenhäuser und in Heilbronn das Bismarckdenkmal gebaut. Weiter stand Wallot von 1890 bis 1897 Alfred Grenander (1863-1931) zur Seite, gebürtiger Schwede und wie Wittig später als Architekt der Berliner Hochbahngesellschaft bekannt geworden. Von 1897 bis zu seinem Tode war Grenander auch Lehrer an der Unterrichtsanstalt des Berliner Kunstgewerbemuseums.

Gustav Halmhuber (1862-1936) war nicht nur Architekt, sondern auch Maler. Er arbeitete zwischen 1886 und 1889 im Wallotschen Büro und war besonders für ornamentale und figürliche Details engagiert. Von ihm stammte ein Vorentwurf für die Inschrift »Dem Deutschen Volke«, er schuf 1896 auch den Entwurf für die Anlage der Berliner Siegesallee. Auch Otto Schmalz (1861-1906), 1894 bis 1906 Professor an der TH Charlottenburg und kurz vor seinem Tode zum Leiter der Charlottenburger Hochbauverwaltung ernannt, war in diesem Büro tätig. Sogar ein Konkurrent aus dem Wettbewerb, Ludwig Schupmann (1851-1920), kam über diesen Umweg noch zum Bau des Reichstages.

Ein Mitarbeiter Wallots muß hier noch Erwähnung finden. Paul Graeff (1855-1925) war ein vielseitiger Mann: Archäologe, Architekt, Fotograf und Zeitschriftenherausgeber. Ab 1889 gab er die Zeitschrift »Blätter für Architektur und Kunsthandwerk« heraus, in der er die wichtigsten damals in der Ausführung befindlichen Bauten mit großen Lichtdrucken und knappen, präzisen Informationen veröffentlichte. Er kam 1925 bei einem Autounfall in Berlin ums Leben.

Am längsten dürfte Wilhelm Haeger, geboren am 1. September 1834 in Greifswald, den Reichstagsbau begleitet haben. Er hatte an der Bauakademie und gleichzeitig Kunstwissenschaft und Mathematik an der Berliner Universität studiert. Bis 1883 war er bei der preussischen Ministerial-Baukommission angestellt. Dieser Bauverwaltung oblag u.a. die Leitung der preußischen Staatsbauten. Haeger hatte als Bauleiter mit vielen prominenten Architekten zusammengearbeitet, u. a. mit

Reichstag mit Königsplatz und Alsen-Viertel, links oben »Kroll«, rechts der Generalstab, Luftaufnahme kurz vor dem 1. Weltkrieg

Bismarck-Denkmal vor dem Reichstag, heute findet man es am Großen Stern

J. H. Strack (Erweiterung Palais Raczynski, 1867; Erhöhung Kreuzbergdenkmal mit J.W. Schwedler, 1878/79), F. Hitzig (Reichsbank, 1869-72), H. Herrmann (Erweiterung Ministerium der öffentlichen Arbeiten, 1874-76) und Gropius & Schmieden (Universitätsfrauenklinik, 1880-82). 1883 übernahm er die Leitung des technischen Büros des Reichstagsbaues. Nach Abschluß aller Restarbeiten im Jahre 1898 leitete Haeger auch den Bau des ebenfalls von Wallot entworfenen Reichstagspräsidentenpalais gegenüber dem Reichstag, vor dessen Vollendung er am 2. März 1901 starb. Wenngleich Haeger nicht selbst als entwerfender Architekt hervortrat, war er für die Bauausführung – alles in allem 18 Jahre! – der beiden Reichstags-Bauten die unverzichtbare rechte Hand von Wallot. Sein Wirken ist kaum hoch genug zu bewerten.

Ein weiteres Büro leitete Paul Wittig (1853-1943), verantwortlich für den Innenausbau. Er war insgesamt acht Jahre bei Wallot tätig, wurde jedoch in Berlin als Mitglied des Vorstandes der Hochbahngesellschaft (ab 1897) und Architekt zahlreicher Bahnhöfe der sogenannten Stammlinie – Warschauer Brücke, Prinzenstraße, Wittenbergplatz und Zoo – bekannter.

Die alte Gestalterweisheit »Weniger ist mehr« behielt für die künstlerische Ausgestaltung des Reichstages insbesondere bei der dekorativen Bauplastik Gültigkeit. Nichtsdestotrotz repräsentierte manch Kunstwerk und Raumfassung für sich erste Qualität der wilhelminischen bildenden und angewandten Kunst – daneben stand aber auch zu vernachlässigendes Mittelmaß und Kitsch.

Von besonderer Pikanterie war das Wirken von Reinhold Begas (1831-1911), dem Protagonisten des wilhelminischen Barock, am Reichstag. Abgesehen von unterschiedlichen künstlerischen Auffassungen war mit dem Wettbewerbssieg von Wallot eine an Feindschaft grenzende Abneigung zwischen Bildhauer und Architekten geboren. Die »...Zeichnung von Reinhold Begas ist mit dem Motto ›Des Deutschen Reiches Heiligthum‹ in der letzten Galerie, wo bei den Kunstausstellungen die Architekturzeichnungen zu sein pflegen. In der Ausstellung ist das von dem Bildhauerprofessor R. Begas ausgeführte Gypsmodell seines Projektes nicht zu sehen, weil dasselbe nach den Bestimmungen des Programms, welches plastische Darstellungen ausschließt, nicht zugelassen werden konnte. Das interessante Werk ist in der permanenten Ausstellung des Vereins Berliner Künstler ... ausgestellt.« (60)

In diesen Jahren hatte es Begas schwer – kaum mehr als ein Achtungserfolg im Reichstagswettbewerb 1882 und auch unterlegen gegen die Wallot-Mitarbeiter Paul Pfann und Wilhelm Rettig beim Wettbewerb um das Kaiser-Wilhelm-Nationaldenkmal. War die Quelle seines Mißerfolgs nicht bei Wallot zu suchen? Mit Sicherheit gehörte Begas nicht zu den Fürsprechern Wallots beim Kaiser, zu dem er ein sehr enges Verhältnis hatte: »Begas ist der Ohrenbläser und zugleich derjenige, auf dessen Genie und Urtheil der Kaiser und seine liebe Frau Mama ... unbedingt schwören«, erkannte nicht nur Wallot. (111) 1891 erfolgte für das Nationaldenkmal eine zweite Ausschreibung für acht namentlich eingeladene Künstler, vier zogen ihre Beteiligung postwendend zurück, als Begas nachträglich nominiert wurde. Und natürlich siegte er.

Wenn auch Begas nur mit der »Germania zu Pferde« an der Westfront zum Zuge kam, verschaffte ihm das monumentale Bismarck-Denkmal (1897-1901) vor der Hauptfassade des Reichstages (heute am Großen Stern) einen verspäteten Triumph. Mit dem Schillerdenkmal (1862-71) auf dem Gendarmenmarkt und dem Neptunbrunnen (1886-91) auf dem Schloßplatz (heute vor dem Roten Rathaus) schuf er Bleibenderes.

Der meistbeschäftigte Bildhauer am Reichstag war zweifelsohne Otto Lessing (1846-1912). Er hatte sich nach dem Studium der Malerei und Bildhauerei 1871 in Berlin niedergelassen und arbeitete vorwiegend an der malerischen und plastischen Ausstattung von Gebäuden, wie dem Reichskanzlerpalais, dem Reichsjustizamt, dem Zeughaus, der Neuen Kirche, dem Marstall, der Kaiser-Wilhelm-Gedächtniskirche, der Technischen Hochschule Charlottenburg, dem Stadtschloß und dem Völkerkundemuseum. Wenngleich seine erste Denkmalplastik – Standbild für seinen Großonkel G. E. Lessing – im Tiergarten (1890) nicht allzu herausragend war, folgten doch weitere Literaten- und Philosophen-Denkmale und die Albrecht-Achilles-Gruppe (1900) sowie der Rolandbrunnen (1902) der Siegesallee. Lessings Hauptarbeitsgebiet, später oft in Zusammenarbeit mit Stadtbaurat Ludwig Hoffmann, blieb aber die Architekturplastik. Von seinen »Massendekorationen« im Reichstag seien hier nur die Reliefs deutscher Flüsse genannt.

Lessing war am Reichstag so beschäftigt, daß er gemeinsam mit Wilhelm Widemann (1856-1915) den Münchner Bildhauer Friedrich Volke (1846-1915) als Atelierleiter für die Reichstagsarbeiten engagierte. Widemann, der mit M. Baumbach, A. Brütt und L. Manzel auch am Berliner Dom arbeitete, war nach einer Goldschmiedelehre und Tätigkeit in der Kgl. Erzgießerei München sechs Jahre nach Italien gegangen und ab 1884 als Lehrer für Ziselieren an der Kunstgewerbeschule Frankfurt a. M. tätig. 1891 ließ er sich in Berlin nieder und schuf vor allem plastischen Schmuck für Monumentalbauten. Neben Figuren der Fassade stammen im Reichstag u. a. die Sphinxe in der Wandelhalle, allegorische Figuren und die Bronzestatue Maximilians I. von ihm. Auch für die Brüstungsfelder der Wandelhalle hat Widemann das Programm ausgearbeitet.

August Vogel (1859-1932) hatte seine Stärken vor allem in der ornamentalen Skulptur und Plakettenkunst. Zwar schmückte die Eingangshalle sein Standbild Rudolphs v. Habsburg, umfänglicher war er aber mit Schmuckbrunnen, Kaminen und Portalumrahmungen im Reichstag tätig. Ebenfalls im dekorativen Bereich – aber mit figürlichem Schmuck – war Emil Hundrieser (1846-1911) vertreten, einer der erfolgreichsten Denkmalplastiker der Wilhelminischen Ära. Nicht nur die erst als Gipsmodell (1889) den Potsdamer und dann in Kupfer (1895) den Alexanderplatz zierende Berolina war sein Werk, sondern auch die Reiterdenkmäler Wilhelms I. auf dem Kyffhäuser (1896) und am Deutschen Eck bei Koblenz (1897).

Blick über die Spree auf das Reichstagspräsidentenpalais (links, erbaut 1899–1904 von Wallot) und die Ostfassade des Reichstages mit den Reitern von Maison

Den vielleicht wichtigsten plastischen Schmuck der Hauptfassade schuf Fritz Schaper (1841-1919) – das große Giebelfeld. Schaper war einer der bekanntesten und gefragtesten Bildhauer in der Rauchschen Tradition. Mit dem Goethe-Denkmal für den Tiergarten (Wettbewerb 1871) begann sein Aufstieg, er schuf in der Folge unzählige Denkmäler berühmter Geistesgrößen und auch einiger Potentaten sowie Grabdenkmäler. Auch für den Dom setzte er mit der Christusfigur den Akzent über dem Hauptportal. Schaper war der einzige Bildhauer, den nicht Wallot ausgewählt hatte, sondern die Reichstagsbaukommission. Dafür stimmten Bildhauer und Architekt im Urteil überein – beiden mißfiel das Giebelrelief ausdrücklich.

Ab 1895 konnte Wallot auch mit der Auftragsvergabe für die Malerei im Reichstag beginnen. Im Gegensatz zur Plastik war hier der Künstlerkreis wesentlich kleiner. Bis auf die Monumentalgemälde an der Stirnwand des Plenarsaals waren die Wandbilder – vorwiegend Landschaften – im Gestaltungskonzept der Plastik unter- oder besser nachgeordnet.

Ludwig Dill (1848-1940) begann als Architektur- und Bauingenieur-Student, ging als Reserveoffizier 1871 in den Krieg gegen Frankreich und fand danach zur Landschaftsmalerei. Obwohl Dill zu den bedeutendsten Vertretern seines Genres – mit einem ausgesprochen individuellen Malstil – im süddeutschen Raum gehörte, kam seine »Wartburg« nicht an, das Gemälde hat offenbar jahrelang mit einem Hinweisschild »unvollendet« im Hause gehangen.

Der so gelobte Gustav Schönleber (1851-1917), Freund Wallots, war ebenfalls Landschaftsmaler und, wie zeitweise Dill, Marinemaler und seit 1878 mit diesem befreundet. Nachdem Schönleber bereits 1880 Lehrer an der Akademie der Künste Karlsruhe geworden war, folgte ihm Dill 1899 als Professor. Die beiden Bilder »Straßburg« und »Rothenburg o.T.« von Schönleber sowie »Bastei« von Bracht, der auch noch »Arkona« für den Lesesaal malte, wurden im November 1897 im Schreibsaal enthüllt. Eugen Bracht (1842-1921) hatte nur auf Umwegen zur Malerei gefunden – entmutigt betätigte er sich von 1854 bis 1875 als Kaufmann – und stilistisch mehrere scharf getrennte Perioden durchgemacht, auf die zahlreiche Orientreisen großen Einfluß hatten.

Weitere Landschaftsbilder im Reichstag stammten von Carl Ludwig (1839-1901), der besonders die deutschen Gebirge zum Motiv nahm, und von Karl Raupp (1837-1918) mit dem auf seine besonders bevorzugten Motive hinweisenden Beinamen »Chiemsee«-Raupp. Auf Monumentalmalereien für Repräsentationsräume hatte sich Max Friedrich Koch (1859-1930) spezialisiert, zum Teil in Gemeinschaft mit seinem Bruder Karl Georg, der wiederum häufig mit E. Bracht zusammen arbeitete. Bereits mit 20 Jahren hatte M. Koch unter F. Thiersch an der Ausstattung des Frankfurter Opernhauses gearbeitet. Nach einem längeren Parisaufenthalt wurde er 1883 Lehrer an der Unterrichtsanstalt des Kunstgewerbemuseums in Berlin, wo er selbst gelernt hatte, 1924 ging er in Pension. In Berlin war er u.a. an der Ausstattung des Sitzungssaales und der Präsidentenwohnung des Herrenhauses und des Sitzungssaales des Abgeordnetenhauses, der Akademie der Wissenschaften, der Warenhäuser Tietz und Wertheim, des Pschorr-Bräus, des Theaters am Schiffbauerdamm und des Reichstagslesesaales beteiligt.

Erwähnt werden sollte auch Otto Hupp (1859-1949), Kunstgewerbler und Heraldiker, der den Erfrischungssaal mit Gemälden ausstattete. Seine Vielseitigkeit war frappierend, die von ihm gepflegten Techniken und Genres sind zahllos: Gravur, Lederschnitt, Holzbrand, Ätzung, dekorative Malerei, Buch- und Schriftkunst, Stempelschnitt, Metalltreiben, Bronzeguß. Was Wunder, daß er auch die bayerischen Banknoten entwarf.

Das Interieur, insbesondere der Hallen, wäre in seiner Wirkung undenkbar ohne die figürlich oder ornamental farbig gestalteten Fenster und Oberlichter von Alexander Linnemann (1839-1902) aus Frankfurt a.M.. Er hatte seine Karriere als Architekt nach einem Studium an der Berliner Bauakademie begonnen und ein bald berühmtes Glasmaleratelier gegründet, das dann seine Söhne Otto und Rudolf weiterführten.

Wallots Kapitulation

Im öffentlichen Leben waren mit dem Einzug des Parlamentes alle Querelen zwischen dem Kaiser und Wallot, den Vertretern der verschiedenen künstlerischen Strömungen, beckmesserischen Kritikern und objektiv urteilenden Fachleuten vergessen – das Deutsche Reich hatte seinen ersten Parlamentsbau.

Eine umfassende Beschreibung und vorsichtige Wertung aus zeitgenössischer Sicht gab der Architektenverein zu Berlin in »Berlin und seine Bauten« wenige Monate nach der Einweihung, wobei er sich einer Wertung der künstlerischen Qualität des bauplastischen Schmuckes enthielt. Zum einen nicht verwunderlich, in jener Zeit pflegte man Kunst – zumindest in seriösen Fachkreisen – mit gebührendem Abstand zu werten. Zum anderen aber hatten nicht wenige Sachverständige Schwierigkeiten mit der nicht zu leugnenden Überfrachtung des Baues.

Wallot selbst fand diese Überladenheit bereits 1890 problematisch: »Je älter man wird, um so mehr kommt man dahinter, daß ein Kunstwerk um so wirksamer wird, mit je weniger Motiven man auskommt. Und zwar meine ich dies sowohl angewendet auf die Art der Profilierung als auch auf den ganzen Aufbau und den architektonischen Organismus.« (145)

Was die Nach-Fachwelt davon hielt oder halten konnte, drückte Stadtbaurat Ludwig Hoffmann recht drastisch aus: »Im Juli 1922 wurde ich in den Ausschmückungsauschuß des Reichstags berufen. Von

Angesichts solch üppigen Dekors,
wie hier bei der Tür zum Erfrischungsraum,
wurde sogar eine »Abschmückungskommission« gefordert

Künstlern gehörten ihm noch der Maler Professor Kampf und der Bildhauer Professor Lederer an, die verschiedenen Fraktionen des Reichstags waren durch Abgeordnete vertreten. Durchschreitet man die in großen Verhältnissen gestalteten und auch stattlich wirkenden Räume des Gebäudes, so findet man im großen Sitzungssaal noch einige ruhige Wandflächen, in anderen Räumen hat man immer wieder das Gefühl einer Zuvieldekoration, hier könnte ein Abschmückungsausschuß günstiger wirken.« (146, S. 259)

Paul Wallot hatte es schwer gehabt, so schwer, daß er einen Lehrstuhl in Dresden den Qualen in Berlin vorzog. Dennoch pendelte er oft zwischen Dresden und Berlin, denn immer noch war er vertraglich verantwortlich für die weitere künstlerische Ausschmückung des Reichstags. Vier Jahre lang ging die Arbeit leidlich, 1899 kam es jedoch zu einem Eklat, an dessen Ende Wallot das Handtuch warf.

Gegenstand der Affäre waren zwei Bilder vom Münchener »Malerfürsten« Franz Stuck (1863-1928), der am 23. September 1895 von Wallot gegen vielerlei Widerstände den Auftrag zur künstlerischen Gestaltung der Vouten im Bundesrats-Foyer erhalten hatte. Ohne Entwurfsabnahme oder -begutachtung lieferte Stuck Anfang 1898 die zwei 22 Meter langen Gemäldestreifen einbaufertig ab: »Professor Stuck hat als Vorwurf die Jagd nach dem Glück gewählt. In einem auf bräunlichen Grund gemalten fortlaufenden Blattornament streben eine Reihe von Gestalten, die menschliche Leidenschaften personificiren, der am Ende des Bildes auf der Kugel stehenden Glücksgöttin zu. Dazwischen sind Städtewappen angebracht.

Der Eindruck, den das Werk auf sämtliche Besucher gemacht hat, die ich bisher befragen konnte, war ein im hohen Grad ungünstiger. Daß wiederum Wappen in dem mit diesem Motiv schon überlasteten Reichstagsbau erscheinen, wurde schon getadelt ... Auch der Grundton und das schon sehr dekorativ behandelte Ornament begegneten abfälliger Kritik, wie mir scheint nicht mit Recht, da hierüber erst ein Urtheil möglich sein würde, wenn das Werk an der Stelle, für die es bestimmt war, besichtigt werden könnte. Dagegen muß ich allerdings bekennen, daß der figürliche Theil des Bildes auch mich geradezu deprimirt hat.« (147)

Die »Depressionen« des oben zitierten Herrn von Lerchenfeld waren ansteckend, in Reichstagsdebatten und in der Presse. Es ging weniger um Stuck als um Wallot, denn es »trat allseits die Absicht hervor, bei der Vergebung neuer Arbeiten vorsichtiger als bisher zu verfahren und dem Architekten ... weniger Freiheit als bisher zu gewähren, insbesondere zu verlangen, daß vor der definitiven Vergebung ... der Kommission zunächst Skizzen zur Prüfung vorgelegt werden«. (147)

Zentrumsführer Lieber war auch Wortführer in der Debatte am 1. März 1899: »Ich bin der Ansicht, daß es mit der Ausschmückung unseres Reichstagsgebäudes so nicht weitergehen kann, wie es bisher – gestatten Sie mir einmal den Ausdruck – getrieben worden ist ... Meine Herren, mir thut sogar leid, daß ich den Ausdruck ›Malerei‹ (sehr richtig!) auf dieses Werk, dem ich den Charakter eines Kunstwerks nur dann zuerkennen könnte, wenn jede Schmiererei (Oh, bei den Sozialdemokraten) künftig dieses Namens würdig befunden werden sollte (Heiterkeit) – ich sage, sogar den Ausdruck Malerei vermag ich auf dieses Werk nur mit äußerstem Widerstreben anzuwenden. ... Ja, meine Herren, wenn wir so unser Reichstagsgebäude ausschmücken wollen, dann kommen wir viel billiger zu unserem Zwecke, wenn wir die Titelblätter der Zeitschrift ›Die Jugend‹ sammeln und an unsere leeren Wände kleben (große Heiterkeit).« (227)

Was die deutsche Künstlerschaft besonders ärgerte, nicht ein einziger Abgeordneter stand auf, um die Sache der Künstler zu vertreten, schlimmer: am nächsten Tag, sozusagen als Belohnung, wurde Lieber in die Ausschmückungskommission gewählt.

Die Presse reagierte differenzierter. Auf die Seite Stucks stellten sich die »Münchener Neuesten Nachrichten« vom 2. März 1899: »Man braucht kein Bewunderer der Kunst Stucks zu sein, aber Jedermann muß sich durch den Ton und die Worte, mit denen Lieber das Werk eines Künstlers in den Staub zog, verletzt fühlen. Das geht über das Maß einer erlaubten Kritik und über die Grenzen der Redefreiheit hinaus«. Zwei Tage später resümierte die »Frankfurter Zeitung«: »Man möchte daraus die Lehre ziehen, daß Leute, die von Kunst nichts verstehen, sich hüten sollten, öffentlich über sie zu reden«. Die »Frankfurter Zeitung« mutmaßte am 7. März 1899, daß Wallot »zu Gunsten einer ganz besonderen Persönlichkeit hinausgedrängt werden (soll) ... Für den Reichstag selbst ist es auch kein Ruhmestitel, daß Niemand aufgestanden ist und der Kunst ein Wort geredet hat.«

Der Kunst ein Wort zu reden, übernahmen die Münchener Künstler mit einem »Offenen Brief« in den »Münchner Neuesten Nachrichten« vom 9. März 1899. Wallot war begeistert: »Der ›offene Brief‹ ist famos, läßt an Deutlichkeit nicht zu wünschen übrig, und setzt auf einen groben Klotz einen entsprechenden Keil. Es war eine Erfrischung für mich, nach all der Salbaderei der letzten Tage, denselben zu lesen.« (149) Ein grober Keil war wohl auch die von den Künstlern verwendete Äußerung des »Eisernen Kanzlers«: »Ein treffendes Wort Bismarcks über unsere Parlamentarier gilt vor Allem für ihr Verhältnis zur Kunst: ›Wie sind wir Deutschen doch in den Ruf schüchterner Bescheidenheit gekommen? Es ist Keiner von uns, der nicht vom Kriegführen bis zu Hundeflöhen Alles besser verstände, als sämmtliche gelernte Fachmänner, während es doch in anderen Ländern Viele gibt, die einräumen, von manchen Dingen weniger zu verstehen als Andere, und deshalb sich bescheiden und schweigen.‹«.

In die gleiche Kerbe hieb Cornelius Gurlitt, Dresdens »Kunstpapst«, mit der Betonung, zwar nicht zu den Anhängern Stucks zu gehören, aber: »Mit wem wird man sich in hundert Jahren mehr beschäftigen: mit Stuck oder mit Lieber? ... Und welche Riesenaufgabe ruht auf Wallots Schulter, da er der Mittler sein soll zwischen ernster Kunst und Bauherren, die so ganz und gar unfähig sind, zu begreifen, was diese Kunst erstrebt!« (149)

Es kam schließlich zum Eklat: »Professor Wallot ... erklärte, daß er mit dem Stuck'schen Bild stehe und falle, und daß der Professor Stuck unter diesen Umständen auf eine Aenderung nicht eingehen werde, er Wallot, voraussichtlich sein Amt als leitender Architekt am 1. April d. Js. niederlegen werde.« (150)

Die Reichstagsdebatte vom 20. März war dann ein offener Affront gegen Wallot und gipfelte in der Forderung des Hans Graf v. Kanitz: »... so muß einmal mit dem Bauleiter abgerechnet werden.« Am nächsten Tag reichte Wallot sein Demissionsschreiben ein, dessen Text verschollen ist.

Herr von Lerchenfeld berichtete: »Ich betrachte (Wallots) Ausscheiden aus der Bauleitung überhaupt nicht als einen Verlust und erwarte davon für die Ausschmückungsarbeiten eher einen Gewinn ... Als Architekt hat er bei dem Reichstagsbau Großes geleistet. Als Dekorateur besitzt er aber bei großen Kenntnissen und einer bedeutenden Schaffenskraft nicht das erforderliche Maß und den sicheren Geschmack.« (152) Stuck selbst hat sich übrigens öffentlich nie geäußert. Er hoffte wohl auch, daß sein Werk doch noch mit Unterstützung der Öffentlichkeit seinen Platz finden würde.

Nach Wallots Demission wurden zunächst am 15. Januar 1900 der alte Architekt Adolf Heyden und der Kunsthistoriker und Museumsdirektor Wolfgang v. Oettingen als Beiräte verpflichtet, es gab aber kein einheitliches Konzept mehr. So lange die Verantwortung für die Dekoration bei Wallot gelegen hatte, konnte man – mit wenigen Abstrichen – mit Fug und Recht behaupten, daß die künstlerische Ausschmückung, wenn nicht befriedigend, so doch wenigstens einheitlich war. Wallot verfolgte ein Konzept und zu seinem Glück konnte er dieses zum größten Teil schon vor 1900 ausführen.

Parlament und Parlamentarisches Leben 1894–1933

Raumnot

Wettbewerbsentwurf 1928 von Schaupp für den Erweiterungsbau.
Die Verbindungsbrücken waren so umstritten wie sie es in der gegenwärtigen Diskussion zur Reichstagserweiterung wieder sind

Wie Bibliotheksgebäude werden Parlamentsgebäude im Laufe der Zeit vor wachsende Anforderungen gestellt – besonders hinsichtlich der Raumkapazität. Der Wallot-Bau erwies sich bereits 1907 als unzureichend.

Schon in den Anfangsjahren des deutschen Reichs hatte Bismarck alle Versuche erfolgreich abgewehrt, Diäten für Reichstagsabgeordnete einführen zu lassen – anders als im preußischen Abgeordnetenhaus. Weil die Abgeordneten für Sitzungen nicht entschädigt wurden, blieben nicht selten die meisten Sessel im Reichstag leer.

Als nach mehreren Anläufen 1906 schließlich doch Diäten bewilligt wurden, erhöhte sich die Präsenz schlagartig. Der Abgeordnete Walter Lambach schrieb, daß selbst die deutsch-nationalsten der Abgeordneten, die sich immer wieder für die Reinhaltung von deutscher Sprache und Schrift einsetzten, ihre Namen lateinisch in die Anwesenheitslisten eintrugen, damit keine Verwechslung bei der Auszahlung von Diäten geschehe. Das Reichstagsgebäude war ausgelastet, und die Forderung nach Arbeitszimmern wurde unüberhörbar. Daraufhin wurden 1912/13 etwa 100 kleine Zimmer im Dachbereich geschaffen, Zimmer von nur rund acht Quadratmetern Größe, die sich nicht selten fünf bis sechs Abgeordnete teilen mußten.

Pläne, das Haus weiter auszubauen, mußten wegen des ersten Weltkrieges zurückgestellt werden, um danach mit Vehemenz wieder aufgenommen zu werden. So eng war das Gebäude, daß man sich überlegte, die Türme und Höfe auszubauen. Auch die Bibliothek befand sich in akuter Raumnot. Am 26. November 1925 kaufte der Reichstag ein nördlich des Reichstagsgebäudes gelegenes Grundstück für 400 000 Reichsmark, 1927 wurde die Fläche auf insgesamt 2270 Quadratmeter vergrößert. Der Wettbewerb wurde im Sommer 1927 mit Einlieferfrist 25. November 1927 ausgeschrieben und forderte unter anderem Bibliotheksspeicher

Fahrenkamp hatte sich vor allem mit Stahlbauten im Rheinland einen Namen gemacht. In Berlin baute er u. a. das Shell-Haus (1930-1932) und das Haus des Deutschen Versicherungskonzerns am Hohenzollerndamm (1930/31).

Fahrenkamps Siegerentwurf zur Erweiterung des Reichstages (1929), der in seiner Gestaltung bereits die brutalen Elemente späterer nationalsozialistischer Architektur aufweist

mit einer Grundfläche von 700 Quadratmeter sowie 1000 Quadratmeter für mehrere Lesesäle, Räume für das Archiv, für das Petitionsarchiv, für die Kasse, für die Druckerei und Buchbinderei sowie für Abgeordnete.

Die Teilnehmerzahl war mit 278 Architekten bzw. Architektengemeinschaften sehr groß. Die Entwürfe entsprachen dem wenig präzisen Programm, es gab keinen Sieger, stattdessen mehrere zweite und dritte Preise. Unter den Preisträgern waren Emil Fahrenkamp und der Wallot-Schüler Heinrich Straumer. Straumer war in Berlin schon durch einige Bauten bekannt: Die Luther-Kirche in Wilmersdorf (1906/07), die Landwirtschaftliche Hochschule Dahlem (1923-1926) sowie Haus und Messehalle der Funkindustrie und den Funkturm (1924-1926). Später entwarf er das Deutschlandhaus am Theodor-Heuss-Platz (1929-1931).

Der Wettbewerb wurde schon deswegen kritisiert, weil er »eine Notlage der deutschen Architekten« ausnutze. Fehler in der Ausschreibung hätten zu einer »Vergeudung geistiger und mechanischer Arbeit« geführt.

Da dieser Wettbewerb keine Ergebnisse erbracht hatte, wurde ein zweiter, ein enger Wettbewerb ausgelobt, diesmal durften sich die neun Preisträger sowie acht eingeladene Architekten, darunter Peter Behrens, Wilhelm Kreis, Hans Poelzig und Eduard Jobst Siedler, beteiligen. Einlieferfrist war der 1. Juni 1929.

Wiederum lehnte die Fachkritik selbst die Siegerentwürfe von Emil Fahrenkamp und Heinrich de Fries ab: »Dieser Entwurf kehrt die Platzfront um. Die Bürobauten der Ministerien rücken dominierend ins Prospekt. Glatte Unmöglichkeit.« schrieben die Stuttgarter Architekten-Brüder Rasch. (228, S. 44) Über

Poelzigs Entwurf: »Gewiß großzügig, aber der Anschlußbau an das Reichstagsgebäude ist unmöglich.« Zum Schluß schrieben sie: »Alle Lösungen, die Brücken vorsehen, können nicht befriedigen und wirken als Notlösung. Am besten ist die Verbindung zu schaffen mit einem Verbindungsbau, der nicht zu groß dimensionierte Durchfahrten erhält.«

Auch die Ergebnisse dieses Wettbewerbs blieben in den Schubladen, die Kritik war einhellig. Dazu kam die durch die Wirtschaftskrise ausgelöste große Finanznot. Auch in den folgenden Legislaturperioden, als das Ende der Weimarer Republik dämmerte, war der Reichstag noch immer in zu engen Räumen untergebracht.

Die »Fraktion Schulze«

Im provisorischen Reichstagsgebäude in der Leipziger Str. 4 konnten die Abgeordneten zwischen dem Reichstags- und dem Herrenhausrestaurant sowie zahlreichen Lokalen in der Leipziger Straße und der näheren Umgebung wählen. Jede Fraktion hatte ein Stammlokal und auch an langen Sitzungstagen war es nicht schwer, einzelne Abgeordnete per Boten ins Haus zu holen. Die Lage änderte sich schlagartig mit dem Umzug in das neue Haus am Königsplatz. Friedrich Schulze, der 1877 das Restaurant des provisorischen Reichstages gepachtet hatte, zog mit um. In Zusammenarbeit mit dem Restaurateur Dressel und dem Architekten Paul Wittig hatte er Gasträume und Küche mit damals modernster Technik und Behaglichkeit einrichten lassen. Außerdem gab es einen separaten Bierkeller.

Dressel wußte, was man erwartete. In seinem Etablissement »›Unter den Linden 50‹, einem intimen Weinlokal französischen Zuschnitts mit verschwenderisch ausgestatteten Vordersälen und diskreten Salons, die man inkognito vom Hof erreichen konnte, verkehrten Diplomaten, Bankiers und die junge Lebewelt aus dem Westen der Stadt; sein Wirt soll damit begonnen haben, daß er dem französischen Botschafter bei Kriegsausbruch 1870 den Rotweinkeller abkaufte.« (171, S. 167f) Und Schulze war von Hause aus Weinhändler mit Firmensitz in der Königgrätzer Str. 123b. Doch in diesem Falle hatten der Wirt und seine Berater die Rechnung ohne die Parlamentarier gemacht, denn die Kundschaft blieb aus. August Stein war der Meinung, daß dies hauptsächlich am Fluidum lag: »Das alte Reichstagshaus hat den geselligen Verkehr der Abgeordneten gefördert und die Vertreter verschiedenster Anschauungen außerhalb des eigentlichen Kampfplatzes zusammengeführt ... Im alten Hause lagen die Haupträume hübsch beieinander. Das einfache, helle, freundliche Foyer, in welchem man nicht auf poliertem Marmor ›schlidderte‹, sondern wie sich's für unser Klima gehört, auf Teppichen ging, hatte zur einen Seite, nur durch Glastüren geschieden, die meist offen standen, das Buffet und die Restaurationszimmer, zur anderen die Eingänge des Sitzungssaales ... Da ging's ungezwungen und zuweilen auch feuchtfröhlich zu.... In den Anfängen der Reichsherrlichkeit gab's im Foyer und Restaurant Gesellschaftsabende, heitere Gelage, oft bis tief in die Nacht, bei denen süddeutscher Humor und Trinkfestigkeit das einigende Band der Parteien und Stämme verstärkte.« (29, S. 100f)

Im neuen Reichstagsrestaurant könne man sich aber nicht wohlfühlen: »Ein ... Raum aber, bei welchem Gemüthlichkeit und freundliche Wohnlichkeit durch seinen Zweck geboten wäre, die Restauration, wirkt kalt und imponierend. Hohe, stets geschlossene Flügeltüren oder vielmehr Tore aus dunkelrotbraunem Holz mit prächtigen Bronzeverzierungen führen aus der gerühmten Wandelhalle in die Restauration. Durch solche Tore zieht man feierlich in einen Dom ein oder in ein kaiserliches Schloß zur Audienz, aber nicht, um für 50 Pfennig Linsensuppe mit Bratwurst zu genießen und dazu einen Schnitt Bier – was ein sehr beliebtes Frühstück der Herren Gesetzgeber ist – oder ein paar warme Würstchen oder Königsberger Klops mit Kapernsauce und, wenn's hoch kommt, ein Diner für eine Mark.«

Schulze wurde durch den mangelnden Besuch in die roten Zahlen getrieben und löste den Pachtvertrag zum 1. April 1897. Sein Nachfolger Louis Schaurté, Besitzer des »Monopol-Hotel« in der Friedrichstraße, hielt etwas länger durch. Aber auch er gab im Jahr 1907 auf.

Debatten über die Qualität von Mahlzeiten und Dekor im Reichstag dürften die Abgeordneten weniger in Atem gehalten haben als die Ereignisse im November 1918: Philipp Scheidemann (SPD) ruft von einem Balkon des Reichstages die Republik aus (links), Soldaten erwarten Nachrichten von den Beratungen des Übergangskabinetts

Für wenige Wochen haben Soldaten- und Arbeiterräte den Reichstag erobert, auf der Rednertribüne Stadtkommandant Wels

Philipp Scheidemann beim Verlassen des Reichstages, dahinter der später von den Nazis ermordete SPD-Abgeordnete Johannes Stelling (Juli 1930)

Große Persönlichkeiten: Die Alterspräsidentin Clara Zetkin um 1930 (oben) und Außenminister Gustav Stresemann vor der Abstimmung zum Young-Plan 1929

Volkstrauertag 1928 mit Reichspräsident Paul von Hindenburg in der Ehrenloge

Die Beratungen des Haushaltsausschusses zur Weimarer Zeit brachten dann auch eine ganze Reihe von Mißständen an den Tag, die ausnahmslos mit der Ernsthaftigkeit einer Gesetzesvorlage diskutiert wurden. Viel kann es nicht genutzt haben, noch 1927 lästerte Matheo Quinz: »Das Herz des Reichstags pocht im Restaurant, wo es für zivile Preise ein mittelmäßiges, ja, fast Mitropamäßiges Essen gibt. Die Tische, wieder fraktionsmäßig belegt, sind trotzdem immer gut besetzt ... Es muß festgestellt werden, daß es im Reichstag den schlechtesten Kaffee von Berlin gibt, und das mag allerhand erklären ... Es gibt nämlich einen Hauskonditor, der mit ein paar Köchen und einer kalten und warmen Mamsell in der Unterwelt haust, wo man keine Parteien kennt und gleich geschmacklos für alle kocht.« (118, S. 161)

Die Abgeordneten hatten in den zwanziger Jahren bis zum politischen Exitus ihres Hauses außerordentlich viel Zeit, sich mit ihrem eigenen Wohl zu befassen. Nicht nur in Debatten, auch im Restaurant. Was uns vielleicht absurd erscheint, spiegelt nur die Realität und war – und ist – sicherlich nicht anders als in anderen Parlamentshäusern. Vielleicht boshaft, aber kaum übertrieben, ließ Hermann Robolsky die Verbundenheit zwischen Plenarsaal und Restaurant deutlich werden: »Meine Herren, der Telegraph meldet Abstimmung. – Namentliche Abstimmung? – Allerdings. – Der Namensaufruf beginnt mit P., Herr v. O., Sie können Ihr Huhn noch in Ruhe essen. Gott sei Dank, wenn mein Buchstabe kommt, rufen Sie mich wohl. Stimmen Unsere mit Ja oder mit Nein? – Mit Nein! – Schön; Kellner, bringen Sie mir noch ein Glas Erdbeerbowle.« (174, S. 85 f) Wie hatte doch selbst Windthorst am 29. Januar 1883 gesagt: »Wir müssen das Volk nicht nur immer bloß in der Restauration suchen.« (175, S. 7)

Reporter und Photographen auf Nachrichtenjagd: Reichswehrgeneral Hans v. Seeckt (DVP) vor der Reichstagseröffnung am 13. 10. 1931

Parlamentarier und Presse

Parlament und Presse – und heute auch andere Medien – haben in der Regel ein gespanntes Verhältnis, nichtsdestotrotz sind sie aufeinander angewiesen und eigentlich unzertrennlich. Die Beurteilung des Wallot-Baues hinsichtlich der Befindlichkeit der Pressevertreter war demzufolge auch ein wichtiger Aspekt des öffentlichen Urteils.

Kurz nach der Inbetriebnahme des Reichstagsgebäudes schrieb das »Berliner Tageblatt« am 8. Dezember 1894: »Die Journalisten, die noch den überaus wichtigen Verkehr zwischen dem Parlament und dem Volke durch die Presse zu vermitteln haben – ein Parlament, in dem die Öffentlichkeit ausgeschlossen wäre, hätte gar keine Bedeutung –, hören im neuen Reichstagspalast am Königsplatz sehr viel schlechter als im alten in der Leipziger Straße.« Tatsächlich war auch die Sicht für die Journalisten im Plenum äußerst schlecht. Erschwerend kam hinzu, daß für die Journalisten getrennte Speiseräume sowie von den Abgeordneten abgeschirmte Zugänge eingerichtet worden waren. Dennoch waren die Beziehungen zwischen Presse und Parlament nicht so schlecht, wie die räumliche Vernachlässigung dies hätte vermuten lassen.

Dazu trug sicher bei, daß im Plenum selbst viele Journalisten als Abgeordnete saßen. Im Jahre 1912 gaben allein von der SPD 43 Abgeordnete Journalist oder Redakteur als ihren Beruf an. Freilich war es bei der SPD schon zur Tradition geworden, ihre Parlamentarier und Funktionäre aus den Redaktionen zu rekrutieren. Häufig aber war es auch umgekehrt, daß gerade die Sozialdemokraten und andere Linke in der Zeit vor Einführung der Diäten ihr Brot durch Journalismus verdienen mußten. In einer Epoche, in der Berufspolitik verpönt war und sich damit keine Familie ernähren ließ, war das gar nicht so verwunderlich.

Da trotz alledem das Verhältnis Parlament-Presse gespannt war, konnte ein Funke ein Großfeuer entfachen. Abgesehen von den unterschiedlichsten politischen Standpunkten war die Interessenlage beider Partner schwer auf einen Nenner zu bringen – und eine eigene Meinung zu haben beanspruchten die Journalisten auch im unmittelbaren Umgang mit dem Parlament. Dies umsomehr, wenn sie sich – wie beispielsweise 1908 – als Gruppe mißachtet fühlten.

Auslöser dieser Aktion war der Zentrumsführer Dr. Gröber. Nachdem in einer der Kolonialdebatten am 19. März lautes Gelächter auf der Journalistentribüne über Erzbergers Auslassung zur »Bedeutung der unsterblichen Seele des Negers« erklungen war, erhob sich Gröber und und sagte laut: »Das sind wieder oben die Journalisten, die Saubengels, die mich schon neulich gestört haben.« Woraufhin sich die Journalisten »wie ein Mann« erhoben und den Saal verließen. Kurz darauf übergab eine dreiköpfige Deputation dem Reichstagspräsidenten das Verlangen einer förmlichen Entschuldigung. Tags darauf erneuerten sie ihr Ansinnen und teilten mit, daß bis dahin die Berichterstattung eingestellt würde. In der ganzen etwa 120köpfigen Journalistendelegation gab es nur drei Vertreter katholischer Zeitungen, die nicht dazu bereit waren.

Die Journalisten saßen am längeren Hebel, auch die Versendung offizieller Reichstagspresseberichte direkt an die Redaktionen war wirkungslos – das Parlament hatte keine Öffentlichkeit mehr.

Vermutlich hätte der Streik noch länger angehalten, wenn nicht Reichskanzler v. Bülow eine wichtige außenpolitische Rede halten und sichergehen wollte, daß die Presse berichten werde. Er intervenierte beim Zentrum sowie bei Gröber persönlich und veranlaßte diesen, am 16. März eine neue Erklärung abzugeben, deren Schlußsatz die Journalisten versöhnte: »Wenn ich in Erinnerung an diese Vorgänge der letzten Zeit und angesichts des Ernstes der von dem Redner behandelten Frage meiner Entrüstung über das Gelächter einen unparlamentarischen Ausdruck gegeben habe, so bitte ich um Entschuldigung (Beifall).« (176) Bülow hielt seine Rede und die Presse berichtete.

Wenn auch nicht in solch dramatischer Form, kam es später immer wieder zu ähnlichen Machtproben. Echte politische Kontroversen konnten und wollten die Journalisten dank ihrer heterogenen politischen Herkunft oder der ihrer Blätter nicht ausfechten. Einig war man sich da höchstens gegen links, wie ein Vorgang »am Rande« aus den zwanziger Jahren zeigte.

Mag die Sozialdemokratie den Publizisten und politischen Spötter Kurt Tucholsky heute für sich in Anspruch oder in Schutz nehmen – 1926/27 sah es ganz anders aus. Am 22. Februar 1927 druckte die »Weltbühne« einen Briefwechsel Tucholskys mit Reichstagsdirektor Galle und Reichstagspräsident Löbe ab, der eine handfeste Diskriminierung offenbarte. Am 30. Dezember 1926 hatte Tucholsky zwei Gastkarten für seine Zeitschrift erbeten. Die Antwort vom 10. 1. 1927:

»Wegen des ständig zunehmenden Fremdenverkehrs im Reichstag muß die Ausstellung weiterer Eintrittskarten aufs äußerste beschränkt werden. Ich bedauere daher, Ihrem Wunsche nicht entsprechen zu können. Hochachtend Galle. Direktor beim Reichstag.«

Daraufhin intervenierte Tucholsky am 12. Januar beim Reichstagspräsidenten: »Abgesehen davon, daß mir der Reichstag kein Kurort mit Fremdenverkehr zu sein scheint, glaube ich, daß eine politische Wochenschrift von der Bedeutung der Weltbühne im 23. Jahr ihres Bestehens wohl Anspruch auf die Erlaubnis hat, ihren politischen Mitarbeiter in den Reichstag zu entsenden«. Löbe lehnte am 19. Januar mit einem bemerkenswerten Eingeständnis ab: »Die Reichstagsverwaltung trifft ihre Entscheidungen ... im Einvernehmen mit der Vereinigung der Parlamentsjournalisten. Die Herren haben sich nun in Ihrem Falle ablehnend geäußert, weil nach ihrer Auffassung ein dringendes Bedürfnis zum Besuch des Reichstags für die Redaktion der Weltbühne nicht bestehe«.

Tucholskys Kommentar: »Dieser Präsident des Reichstages ist rettungslos in seinen ›Bestimmungen‹ verhaspelt und hat längst vergessen, daß er einmal, bis zu Gefängnisstrafen, mit Typen gekämpft hat, deren einer zu werden er auf dem besten Wege ist.« (229, S. 310 ff)

Mit dem 30. Januar 1933 war das Kapitel »Presse im Reichstag« beendet. Für die »gleichgeschalteten« Medien gab es keinerlei Reibungspunkte, ohnehin war aus dem im Durchschnitt alle acht Monate zusammentretenden NSDAP-Reichstag nichts zu berichten, außer daß dort Hitlers Erklärungen zugestimmt wurde.

Der greise Hindenburg (links, 1929 vor dem Reichstag) ermöglichte nach außen durch seine Einwilligung Hitlers Aufstieg (im Reichstagspräsidentenpalais Dez. 1932, rechts G. Strasser, im Hintergrund J. Goebbels)

Das Ende des deutschen Parlaments und seines Hauses

»Machtergreifung« und Reichstagsbrand

Da die NSDAP am 6. November 1932 trotz der hohen Stimmverluste stärkste Fraktion geblieben war, konnte sie ganz legal die Macht übernehmen, der »Bruderkampf« von Sozialdemokraten und Kommunisten, und das Taktieren der bürgerlichen Parteien machte es möglich. Am 30. Januar 1933 berief Reichspräsident Hindenburg Adolf Hitler zum Reichskanzler.

»Am Abend des 30. Januar organisieren die Nationalsozialisten zu Ehren von Hitler's Sieg einen Fackelzug. In dichten Kolonnen ... ziehen sie unter der Siegesgöttin des Brandenburger Tores hindurch. Die Fackeln, die sie tragen, bilden einen einzigen Feuerstrom, einen Strom, dessen Wellen ununterbrochen aufeinander folgen, einen schwellenden Strom, der mit herrischer Macht in das Herz der Hauptstadt vorstößt. ... Der Feuerstrom zieht an der französischen Botschaft vorüber, von wo ich seiner leuchtenden Spur mit den Blicken folge, das Herz bedrückt und von dunkler Vorahnung erfüllt.« (188, S. 349f)

Die dunklen Vorahnungen des französischen Botschafters André François-Poncet, der hier zu Wort kam, waren mehr als berechtigt. Es setzte ein in der deutschen Geschichte bis dahin beispielloser Terror gegen alles ein, was nicht braun und rechts war – Kommunisten zuerst, dann aber auch Sozialdemokraten, Liberale und Abweichler in den eigenen Reihen. Später folgte die Verfolgung von Religionen und »Rassen«, bereits am 1. April 1933 die der Juden.

Schon die erste Kabinettssitzung ließ, wie das Protokoll vom 30. Januar ausweist, nichts an Offenheit zu wünschen übrig: »Der Reichskanzler wies darauf hin, daß eine Vertagung des Reichstags ohne Mithilfe des Zentrums nicht möglich sei. Nun könne man vielleicht daran denken, die kommunistische Partei zu verbieten, ihre Mandate im Reichstag zu kassieren und auf diese Weise die Mehrheit im Reichstag zu erreichen. Nach seiner Erfahrung seien jedoch Verbote von Parteien zwecklos. Er befürchte als Folgen eines eventuellen Verbots der KPD schwere innenpolitische Kämpfe und eventuell den Generalstreik. ... Es sei schlechterdings unmöglich, die 6 Millionen Menschen zu verbieten, die hinter der KPD ständen. Vielleicht könne man nach Auflösung des Reichstags bei den dann bald vorzunehmenden Neuwahlen doch eine Mehrheit für die jetzige Reichsregierung gewinnen. Am allerbesten werde es sein, wenn der Reichstag sich freiwillig vertage«. (191, S. 172f) Neuwahlen forderte auch Göring.

27. Februar 1933 – Der Reichstag brennt

Am Abend des 27. Februar entdeckte der Theologiestudent Hans Flöter beim Passieren des Reichstages als erster Ungewöhnliches: »Durch klirrendes Glas aufgeschreckt, bemerkt er rechts (über der Auffahrt) ... eine menschliche Gestalt mit etwas Brennendem in den Händen. Er läuft (dem Polizisten) Buwert 70 Meter nach und berichtet ihm hastig von seiner Beobachtung. Der Polizist eilt zurück und sieht Feuerschein hinter den Fenstern. Zur gleichen Zeit hört ... der Schriftsetzer Werner Thaler das Glassplittern. Er hält auf seinem Weg ... inne und glaubt an der Brüstung des Parlamentsgebäudes zwei Personen wahrzunehmen. Er, der Jugendmeister auf der 100-Meter-Strecke, rennt los, um einen Schutzmann zu suchen.« (192, S. 2f) Um 21.18 Uhr rückte die erste Feuerwehr aus der Feuerwache Linienstraße an – der Reichstag brannte.

Zunächst die Fakten: Am Abend des 27. Februar, etwa in der Zeit zwischen 21.00 und 23.30 Uhr, gingen der Plenarsaal und einige angrenzende Bereiche des Reichstagsgebäudes in Flammen auf. Noch am selben Abend nahm die Polizei den jungen Holländer Marinus van der Lubbe fest, stellte Teerpräparate, Brandfackeln und andere leicht brennbare Materialien sicher und begann mit den Ermittlungen gegen den Holländer, der sogleich ein Geständnis ablegte. Die Polizei sicherte zahlreiche öffentliche Bauten in Berlin, gegen führende kommunistische Mitglieder des Reichstages wurde Haftbefehl erlassen. Die Polizei besetzte auf mündliche Anweisung Görings die Druckerei des sozialdemokratischen »Vorwärts« und stoppte die Druckmaschinen. Am Brandort, wohin die gesamte Naziprominenz noch in der Nacht eilte, machte Hitler zwei aufschlußreiche Bemerkungen, die der ihn begleitende britische Journalist Sefton Delmer überlieferte: »Sie sind Zeuge einer großen, neuen Epoche in der deutschen Geschichte. Dieser Brand ist ihr Beginn.« »Das ist ein von Gott gegebenes Zeichen. Niemand wird uns nun daran hindern, die Kommunisten mit eiserner Faust zu vernichten.« (192, S. 3)

Einen Tag nach dem Brand, ehe überhaupt die polizeilichen Ermittlungen ein Ergebnis erbracht hatten, meldete bereits der amtliche »Preußische Pressedienst«: »Gegen zwei führende kommunistische Reichstagsabgeordnete ist wegen dringendem Tatverdacht Haftbefehl erlassen. Die übrigen Abgeordneten und Funktionäre der Kommunistischen Partei werden in Schutzhaft genommen. Die kommunistischen Zeitungen, Zeitschriften, Flugblätter und Plakate sind auf vier Wochen für ganz Preußen verboten. Auf vierzehn Tage verboten sind sämtliche Zeitungen der sozialdemokratischen Partei, da der Brandstifter aus dem Reichstag in seinem Geständnis die Verbindung mit der SPD zugegeben hat.« (191, S. 175)

Ebenfalls am 28. Februar erging die »Verordnung des Reichspräsidenten zum Schutze von Volk und Staat«, die beinahe alle Zivil- und Grundrechte in Deutschland auf einen Schlag außer Kraft setzte: »Auf Grund des Artikels 48 Abs. 2 der Reichsverfassung wird zur Abwehr kommunistischer staatsgefährdender Gewaltakte folgendes verordnet:

§ 1: Die Artikel 114, 115, 117, 118, 123, 124 und 13 der Verfassung des Deutschen Reiches werden bis auf weiteres außer Kraft gesetzt. Es sind daher Beschränkungen der persönlichen Freiheit, des Rechts der freien Meinungsäußerung, einschließlich der Pressefreiheit, des Vereins- und Versammlungsrechts, Eingriffe in das Brief-, Post-, Telegraphen- und Fernsprechgeheimnis, Anordnungen von Haussuchungen und von Beschlagnahmen sowie Beschränkungen des Eigentums auch außerhalb der sonst hierfür bestimmten gesetzlichen Grenzen zulässig. (...).

§ 5: Mit dem Tode sind die Verbrechen zu bestrafen, die das Strafgesetzbuch in den §§ 81 (Hochverrat), 229 (Giftbeibringung), 307 (Brandstiftung), 311 (Explosion), 312 (Überschwemmung), 315 Abs. 2 (Beschädigung von Eisenbahnanlagen), 324 (gemeingefährliche Vergiftung) mit lebenslangem Zuchthaus bedroht. (...)« (194, S. 175f)

In den bereits sechs Tagen nach der Brandnacht am 5. März stattfindenen Reichstagswahlen konnten die einzigen ernsthaften Gegner KPD und SPD in dieser von Furcht und Terror geprägten Situation den Nationalsozialisten kaum Paroli bieten. Mit 228 Sitzen erreichte die NSDAP aber nur die einfache Mehrheit. Sogleich wurde die gegenüberliegende Kroll-Oper innerhalb von zehn Tagen für die Reichstagssitzungen ausgebaut. Diese sollten in Zukunft eine Farce werden: Wer noch Hoffnungen hegte, mußte sie spätestens am 23. März 1933 fahren lassen, als alle Reichstagsabgeordneten, mit Ausnahme der noch anwesenden sozialdemokratischen Abgeordneten und der in Konzentrationslagern »internierten« KPD-Fraktion, dem von Hitler erstrebten Ermächtigungsgesetz zustimmten. Eine Woche später erließ die Reichsregierung – ohne Unterstützung durch den Reichstag – die sogenannte Lex-vander-Lubbe, mit der ex post facto die Todesstrafe für schwere Brandstiftung an Partei- und Staatsgebäuden festgesetzt wurde.

Soweit das Geschehen im März 1933. Was dann folgte, ist ein bis heute unentwirrbares Geflecht von Fakten und Vermutungen, Behauptungen, Unterstellungen und Fälschungen. Die Widersprüchlichkeit der polizeilichen Ermittlungen und zahlreiche offenkundige Unterlassungen hatten in der Weltöffentlichkeit schon vor Beginn des Prozesses gegen die vermeintlichen Brandstifter erhebliche Zweifel an der Objektivität der Untersuchungen und der Stichhaltigkeit der Anklage hervorgerufen.

Zweifelsfrei war der am Tatort ergriffene van der Lubbe zumindest tatbeteiligt. Aber bereits die Frage, ob er allein in der Lage gewesen war, die große Zahl festgestellter Brandmittel unbeobachtet in das Gebäude zu schaffen und die Vielzahl von Brandherden in der ermittelten Tatzeit zu legen, blieb aufgrund der Widersprüchlichkeit von Aussagen und Gutachten letztlich unbeantwortet. Selbst sein Weg im Gebäude konnte nicht zweifelsfrei rekonstruiert werden. Bereits hier beginnt die Spekulation: Wäre es ihm möglich gewesen, hätte er als Alleintäter angeklagt werden müssen, aber neben ihm standen Georgi Dimitroff und Genossen vor den Schranken des Reichsgerichts in Leipzig. Hatte er Helfer gehabt, wurden sie nie gefaßt. Und die Perfektion der Reichstagsbrandstiftung widersprach dem offenkundigen Dilettantismus früherer Brandstiftungsversuche van der Lubbes.

Ebensowenig konnte seine Zugehörigkeit zu einer kommunistischen Partei bewiesen werden, obgleich der angebliche Fund seines Mitgliedsbuchs noch in der Brandnacht der offizielle Auslöser der politischen Verfolgungen war. Im Gegenteil, in Holland hatte er in antikommunistischen Anarchistenkreisen verkehrt. Andere verdächtige Kontakte kurz vor der Brandstiftung wurden nicht aufgeklärt. Welcher Unbekannte hatte den sich bereits auf der Rückkehr nach Holland befindlichen van der Lubbe in der Nacht vor der Brandstiftung in Henningsdorf zur Rückkehr nach Berlin bewegt?

Weder Polizei noch Justiz waren dem schon zu Beginn der Ermittlungen durch Zeugen hinreichend be-

Lokaltermin im Heizungstunnel am 18. 10. 1933.
Über die Spurensicherung im Februar/März
gibt es bis heute keinen Nachweis

gründeten Verdacht, daß der Heiztunnel zwischen Reichstag und Reichstagspräsidentenpalais bzw. Heizhaus von Mittätern genutzt sein könnte, auch nur im geringsten nachgegangen. Oder wurden Untersuchungen gezielt verhindert bzw. ihre Ergebnisse verschwiegen? Im Ausland wuchs die Empörung über die einseitige Ermittlung von Tag zu Tag. In England veranstaltete der emigrierte ehemalige kommunistische Reichstagsabgeordnete Willi Münzenberg zusammen mit dem englischen Lord Marley ein Reichstagstribunal, an dessen Ende das berühmte Braunbuch mit Daten vieler Naziverbrechen erschien. Die holländischen Freunde van der Lubbes veröffentlichten ein »Roedboek« über das bisherige Leben und die angebliche Unschuld van der Lubbes. Diese – wie auch andere Dokumentationsversuche – hatten den gleichen Mangel wie die Anklageschrift – sie erbrachten keine Beweise und blieben politische Streitschriften. Der Reichstagsbrandprozeß begann am 21. September 1933 vor dem Reichsgericht in Leipzig. Neben van der Lubbe wurden auch die bulgarischen Kommunisten Dimitroff, Taneff und Popoff sowie der deutsche Kommunist Torgler der Brandstiftung angeklagt. Zu den Gerichtsverhandlungen waren 82 ausländische und zwölf deutsche Zeitungskorrespondenten zugelassen; Vertreter kommunistischer, sozialistischer und sogar linksbürgerlicher Zeitungen wurden ausgeschlossen. Wie bei Prozessen üblich gab es Lokaltermine; im Hauptausschußsaal des Reichstags prallten dann die ideologischen Gegner Dimitroff und Göring sowie Goebbels aufeinander.

Am 4. November erlaubte der Gerichtspräsident Dimitroff, der sich vorwiegend selbst verteidigte, Göring zu vernehmen. Es kam zu einem hitzigen Rededuell, in dessen Verlauf der Berliner Polizeipräsident sogar eines Meineides überführt wurde, ohne daß dies Folgen für ihn hatte. Sowohl Görings als auch später Goebbels' Aussagen erhärteten den Verdacht gezielt einseitiger Ermittlungen und einer vorbereiteten Provokation gegen Links:

»Dimitroff: ›Nachdem Sie als Ministerpräsident und Innenminister die Erklärung abgegeben hatten, daß die Kommunisten die Brandstifter seien, ... mußte da nicht diese Ihre Einstellung für die polizeiliche Untersuchung und weiterhin für die richterliche Untersuchung die bestimmte Richtung festlegen und die Möglichkeit ausschalten, andere Wege zu suchen und die richtigen Reichstagsbrandstifter ausfindig zu machen?‹ Göring: ›Ich selbst aber bin nicht Kriminalbeamter, sondern verantwortlicher Minister, und für mich war es deshalb nicht so wichtig, den einzelnen kleinen Strolch festzustellen, sondern die Partei, die Weltanschauung, die dafür verantwortlich war. ... Für mich war es ein politisches Verbrechen und ebenso war es meine Überzeugung, daß die Verbrecher in Ihrer (zu Dimitroff) Partei zu suchen sind (Schüttelt die Fäuste gegen Dimitroff und schreit). Ihre Partei ist eine Partei von Verbrechern, die man vernichten muß! Und wenn die richterliche Untersuchung sich in dieser Richtung hat beeinflussen lassen, so hat sie nur in der richtigen Spur gesucht.‹« (193, S. 132ff)

Am 23. Dezember fällte das Reichsgericht die Urteile. Van der Lubbe wurde zum Tode verurteilt, seine Tatbeteiligung war unstrittig. Das Strafmaß aber ging auf ein Gesetz zurück, das rückwirkend nach der Tat verabschiedet worden war! Alle anderen Angeklagten mußten freigesprochen werden. Die zu Anfang des Prozesses angekündigten Beweise der Tatbeteiligung der Bulgaren und Torglers und der Anstiftung durch die SPD und die KPD, die man bei der Durchsuchung des Karl-Liebknecht-Hauses gefunden haben wollte, kamen nicht mehr zur Sprache. Der Holländer Marinus van der Lubbe, im Prozeß scheinbar unter Drogeneinfluß stehend, offenbar geistig zurückgeblieben und zu 75 Prozent sehgeschädigt, wurde am 10. Januar 1934 in Leipzig hingerichtet. Täter und Opfer?

Trotz des Freispruchs blieben die drei Bulgaren in Haft. Am 15. Februar 1934 wurde ihnen die sowjetische Staatsbürgerschaft verliehen. Daraufhin folgten Protestbriefe aus Moskau, in denen gefordert wurde, die »Neurussen« zu entlassen. Schließlich kam Hitler dieser Forderung nach und befahl die Ausweisung. Die drei Bulgaren kamen genau ein Jahr nach dem Reichstagsbrand am 27. Februar 1934 per Flugzeug in Moskau an. Torgler blieb bis 1936 in Haft.

Wie hartnäckig sich der Verdacht bis in die Gegenwart hält, SA und SS seien zumindest an der Tat beteiligt gewesen, belegt nachstehendes Dokument: »Der Unternehmer Philipp Bachmann gab im Mai 1976 an, am 28. Februar 1933 habe er in einer Gaststätte am Potsdamer Platz in einer Runde gesessen, die über den Brand frohlockte und auch von den Brandstoffen wußte: Phosphor und getränkte Zündschnüre. Teilnehmer der Zecherei seien gewesen: der Chef des Nazisicherheitsdienstes, Reinhard Heydrich, und der persönliche Referent von Goebbels, Karl Hanke (Namen, die schon Hugenberg im Mai 1933 im Zusammenhang mit dem Brand nannte), Eggert, Gildisch, Kobelinski, Kögel, Marten, Sander, Toifl, Dr. Villain, Weber, Woite und zwei andere, von denen sich einer die Hand mit Phosphor verbrannt hatte. Also insgesamt zwölf SA- und SS-Leute, von denen zumindest Weber zur Stabswache im Reichstagspräsidentenpalais gehörte. Im August 1978 gab Bachmann gegenüber einer Mannheimer Zeitung preis, warum er in diese Runde gehört hätte: Durch ihn seien an Arnold und Petzold, Leute aus der Umgebung von Goebbels, die er in diesem Zusammenhang als Teilnehmer des Treffens anführte, an Heydrich und einen SA-Mann aus der Leibwache Görings Brandstoffe geliefert worden.« (192, S. 35)

Der preußische Ministerpräsident Hermann Göring
bei seiner Aussage vor dem Reichsgericht im Saal des Haushaltsausschusses im Reichstag

Seit dem Reichstagsbrandprozeß ist es nicht gelungen, neue Beweise für die Untermauerung einer der Tätertheorien zu erbringen – der Streit unter den Historikern scheint auf Dauer erstarrt. Wenn Marinus van der Lubbe doch ganz allein und ohne Hilfe das Reichstagsgebäude angezündet haben sollte, haben die Nazis ihre Chance blitzartig erkannt und ihre Pläne mit großem Geschick und Erfolg durchgeführt. Demnach hätten die Sachverständigen ihre Gutachten im Prozeß, die mehrere Täter assoziierten, gefälscht, um Dimitroff und Genossen »mitzubeteiligen«. Und die Vorbereitungen für einen Schlag gegen Links wären für eine andere Gelegenheit gedacht gewesen.

Die Zeit ist gekommen, den Streit über die Urheberschaft des Reichstagsbrandes so lange zu den Akten zu legen, bis die Ermittlungsakten Forschern zugänglich gemacht werden können. Dazu müssen sich wahrscheinlich erst sowjetische Archive öffnen, wo nach hartnäckigen Gerüchten die erbeuteten Akten lagern sollen.

Hier ist mit Klaus-Peter Schulz zu konstatieren: »Nun ist zwar das weitere Ringen um die Wahrheit um ihrer selbst willen notwendig, aber die Welt wird in dieser Beziehung durch noch so widerstreitende Entdeckungen ganz sicher nicht mehr aus den Angeln gehoben. Die nationalsozialistische Ära stünde in der Geschichte um keinen Deut besser da, auch wenn Hitler und seine Spießgesellen von jeder Schuld am Reichstagsbrand völlig frei gewesen wären.« (194, S. 287)

Marinus van der Lubbe wäre ohnehin nur zu rehabilitieren, könnte man den Mißbrauch und verbrecherische Manipulation seiner Person nachweisen. Was nutzte es seiner Ehre, daß Robert Kempner, Chefankläger von Nürnberg, eine Revision des Urteils mit dem neuen Strafmaß von acht Jahren Freiheitsstrafe erreicht hat?

Von Kroll zum Untergang

Die Reichstagswahl am 5. März 1933 brachte der NSDAP (43,9 Prozent) und ihrem Koalitionspartner DNVP (8 Prozent) zusammen zwar die absolute Mehrheit von 340 Sitzen, aber die Sozialdemokraten (18,3 Prozent) und Kommunisten (12,3 Prozent) erreichten trotz des diese Parteien vorerst paralysierenden Terrors noch fast ein Drittel der Sitze (200). Aber schon vier Tage nach der Wahl wurden die KPD-Mandate für ungültig erklärt.

Die erste Reichstagssitzung des nationalsozialistischen Parlaments fand am 21. März in der Potsdamer Garnisonskirche statt, mit allem militärischen und chauvinistischen Pomp, der gerade hier möglich war – der berüchtigte »Tag von Potsdam« mit dem unheilvollen Händedruck Hitler-Hindenburg. Neben den 81 Kommunisten fehlten auch 26 Sozialdemokraten, die verhaftet worden oder untergetaucht waren. Und am 23. März tagte man bei Kroll.

Seit Anfang Juli 1931 war der Theatersaal des Etablissements geschlossen, aber intakt. Aufgrund von Bedenken der Evangelischen Kirche und wegen der Kosten eines notwendigen Umbaues des Pfarrhauses, des Langen Stalles, des Marstalls und anderer Baulichkeiten zu Funktionsgebäuden hatten nach einem Besichtigungstag in Potsdam und bei Kroll Hitler, Göring und Frick entschieden, nur die Reichstagseröffnung in Potsdam stattfinden zu lassen. Der Umbau der Kroll-Oper mußte binnen zwei Wochen erledigt sein. Statt der vorhandenen 1100 Sitze wurden für die Abgeordneten 647 – minus KPD eigentlich nur 566 – Sitze benötigt.

»Ursprünglich war hinter der erhöhten Präsidenten-Estrade auf dem mit rotem Stoff verkleideten Eisernen Vorhang ein streng stilisierter Reichsadler (schwarz auf weißem Grund) angebracht worden, flankiert von einer schwarzweißroten Fahne und dem Hakenkreuz. Dann hatte man doch noch an Stelle des Adlers nun eine große Hakenkreuzfahne sowie rechts und links je eine schwarzweißrote Fahne hingehängt, die hinter Görings Kopf prangten. Dem Präsidium gegenüber war die frühere Kaiserloge als Loge des Reichspräsidenten und des Diplomatischen Corps hergerichtet.« (44, S. 120f)

Die konstituierende Sitzung des Reichstages am Nachmittag des Potsdamer Spektakels bei Kroll zeigte schon äußerlich den Anfang vom Ende des Parlamen-

Reichstagssitzung in der umgebauten Kroll-Oper am 12.3.1933 (oben links).
Adolf Hitler bei einer Rede im »Ersatzparlament« am 17.5.1933

tes: »Im Saal dominierte das Braun der SA- und das Schwarz der SS-Uniformen der 228 Mann starken Nazi-Fraktion, ein Bild, das noch verstärkt wurde durch eine um den ganzen Sitzungssaal sich ziehende Kette von SA-Männern, vervollständigt durch kleinere Abteilungen des Stahlhelm.

Als Göring hinter dem Vorhang hervortrat und als Präsident auf der Estrade seinen Platz einnahm, verstummte jedes Gespräch ... Alles wartete dann, den Blick zur ersten Tür links gewandt, durch welche einige Sekunden später Hitler ... trat, um sich an der Erledigung des einzigen Tagesordnungspunktes zu beteiligen: der Wahl des Präsidiums. Die Nazi-Fraktion wie auch ein Teil der anderen Abgeordneten begrüßten ihn ohne Zuruf mit emporgestrecktem rechten Arm, bis er seinen Platz in der ersten Reihe eingenommen hatte. Denn nach altem Brauch blieb die Regierungsbank leer, solange das Parlament sich noch nicht konstituiert hat. Es sollte der einzige Brauch sein, an dem man an diesem Tag festhielt.« (44, S. 121f)

Am 23. März begründete Hitler in einer Regierungserklärung die Vorlage des »Gesetzes zur Behebung der Not von Volk und Staat«, wie das »Ermächtigungsgesetz« mystisch-verlogen offiziell hieß. Die Reichsregierung besaß künftig die alleinige Gesetzgebungs- und Verfassungsänderungs-Vollmacht, abgesehen von weiteren Einschränkungen der Parlamentsbefugnisse. Damit war der Reichstag nur noch ein Forum für zumeist ans Ausland gerichtete »Führerreden« und andere Propagandaauftritte. So trat das »Parlament« in zwölf Jahren brauner Herrschaft auch ganze 19mal – etwa dreimal in zwei Jahren – zusammen. Natürlich ging das Ermächtigungsgesetz mit 441 gegen die 94 Stimmen der noch verbliebenen SPD-Abgeordneten glatt durch. Damit war die erste Phase der Machtergreifung abgeschlossen, Reichskanzler und Regierung waren fortan »ermächtigt«, ohne Parlament und parlamentarische Kontrolle zu regieren. Die Diktatur war gesichert.

Daß die Nationalsozialisten schließlich noch im gleichen Jahr am 12. November erneut Wahlen veranstalteten, diente letztlich nur noch der – nach außen »demokratischen« – Ausschaltung der letzten Restparteien. Es kandidierte nur noch die NSDAP, andere Parteien waren aufgelöst oder verboten. Die deutsche parlamentarische Demokratie hatte ihr – vorläufiges – Ende gefunden. Am 26. April 1942 trat der »Ermächtigungs-Klub« der NSDAP letztmals zusammen. Weder das Scheinparlament noch der Wallotsche Bau waren in den nächsten Jahren für Schlagzeilen gut.

Schon im Frühjahr 1933 war die Kuppel soweit notdürftig ausgebessert worden, daß ein Außenstehender vom Brand nichts mehr bemerkte. Da das Gebäude für parlamentarische Zwecke nicht nutzbar war und in der nationalsozialistischen Diktatur dafür auch nicht mehr benötigt wurde, richtete man es für propagandistische Zwecke ein. Zunächst wurde 1935 aufgeräumt und die Auslagerung der noch intakten Möbel und Holztäfelungen veranlaßt. Diese Aktion stand vermutlich in Zusammenhang mit den Olympischen Spielen, als die NS-Organisation »Kraft durch Freude« die Brandstätte ausländischen Gästen präsentierte. Bis in die ersten Kriegsjahre wurde das Reichstagsgebäude für große Propagandaausstellungen und -filmvorführungen genutzt, wie 1938/39 für die berüchtigte Ausstellung »Der ewige Jude«.

Die widersprüchlichsten Meldungen zum weiteren Schicksal des Gebäudes – am 13. Juli 1936 meldete die »Deutsche Allgemeine Zeitung«, daß ein Wiederaufbau nicht in Aussicht stehe, am 14. Januar 1939 kündigte sie ihn an – lassen vermuten, daß weder die Regierung noch die NSDAP sich mit einer angemessenen weiteren Nutzung auseinander gesetzt haben.

Nicht nur das, der Reichstag geriet sogar in Gefahr abgerissen zu werden. Als Albert Speer am 30. Januar 1937 zum »Generalbauinspektor für die Reichshauptstadt Berlin« mit ministeriellen Befugnissen ernannt wurde, war auch vor der Öffentlichkeit verborgen die Aufgabe seiner Behörde definiert: Umbau Berlins zur »Welthauptstadt Germania« von gigantischen Ausmaßen. Kernstück der Planung wurde ein monumentales Achsenkreuz, dessen »Große Achse« sich mit einer Breite von 120 Metern vom Humboldthafen bis zum Tempelhofer Feld erstrecken sollte.

Während den südlichen Abschluß ein riesiger Südbahnhof und ein Triumphbogen von 117 Metern Höhe und 170 Metern Breite bildete, lag das politische und städtebauliche Zentrum im Spreebogen. Der alte Exerzierplatz wurde gewissermaßen zum Mittelpunkt einer überdimensionalen Platzanlage, deren nördliche Front die Große Halle bildete, ein Kuppelbau von 290 Metern Höhe für bis zu 180 000 Menschen. Die Seitenlänge des Grundrißquadrates von 315 Metern hätte vom Alsenviertel nichts mehr erkennen lassen. Reichstag und Brandenburger Tor sollten als Spolien – als historische Bruchstücke – in die Platzumbauung einbezogen werden, in ihren relativ bescheidenen Maßen wären sie in den Speerschen Baumassen untergegangen.

Der von Speer als Variante vorgesehene Abriß des Wallot-Baues scheiterte ausgerechnet an Hitler. Obwohl er von Parlamentarismus und Demokratie nichts hielt, gefiel ihm das Gebäude, das ihn an die Bauten der Wiener Ringstraße erinnerte.

Da die Nationalsozialisten trotz der bereits laufenden Kriegsvorbereitungen – Österreich und die Sudeten waren bereits »angeschlossen« – auch das mit dem Fertigstellungstermin 1950 geplante »Germania«-Vorhaben sogleich angingen, hinterließ die Gigantomanie ihre Spuren. Teile des Alsenviertels wurden abgerissen und am Vorabend von Hitlers 50. Geburtstag der erste Abschnitt der umgestalteten Ost-West-Achse vom Brandenburger Tor bis Adolf-Hitler-Platz (heute Theodor-Heuss-Platz) übergeben. Die Siegessäule, um eine Trommel von sieben Metern erhöht, war bereits vom Königsplatz zum Großen Stern umgesetzt worden.

Angriffsziel Reichstag

In den Blickpunkt der Militärs geriet der Reichstag dann 1941. Die Vorbereitung des Überfalls auf die Sowjetunion hatte zu einer Verminderung der Flieger- und Fliegerabwehrkräfte im Westen des Reichs gezwungen, alliierte Bomber kreisten immer häufiger über der Reichshauptstadt. Am 9. September 1940 befahl Hitler den Bau von Flaktürmen in großen Berliner Parks und Anlagen, vorgesehen waren der Tiergarten, der Humboldthain, der Friedrichshain und der Flughafen Tempelhof. Die »architektonische Gestaltung« wurde dem Generalbauinspekteur Albert Speer übertragen. Am 9. Oktober wurden auch die Ecktürme des Reichstages auf ihre Tauglichkeit als Flakstellungen überprüft. Erforderlich war eine Tragfähigkeit von etwa fünf Tonnen für die Flak 38-Vierlingslafette, Zubehör, Munition und Mannschaft und eine Fläche von sechs mal sechs Metern. Zwei Flakstellungen wurden 1941 auf dem Reichstag errichtet.

In den Kriegsjahren beherbergte das ehemalige Parlamentsgebäude zahlreiche Einrichtungen und Dienststellen, die noch nicht gänzlich ermittelt und erforscht sind. In einem Teil des Reichstagsgebäudes hatte die AEG eine Funkröhrenherstellung untergebracht. Aus Gründen, die auch heute nicht geklärt sind, befand sich im Keller die Wehrmedizinische Zentralkartei, in der die Akten aller während des Krieges verwundeten bzw. gefallenen Wehrmachtsangehörigen aufbewahrt worden waren.

Während des Krieges erhielt der Reichstag nur wenige Bomben- und Granattreffer. An seinem Ende aber stand der Wallot-Bau in einem sowjetischen Bomben- und Granatenhagel, dessen Intensität noch heute verblüfft. Denn die Sowjets sahen in diesem Gebäude, obwohl seit über zwölf Jahren ungenutzt, das Symbol für den Nationalsozialismus schlechthin. Sie feuerten auf dieses kurzfristig zur Festung ausgebaute Parlamentsrelikt, als gäbe es dort eine Befehlszentrale, als gäbe es keine Reichskanzlei, als würde dort der Krieg zu Ende sein. Generalmajor S.N. Perewjorkin schrieb, daß der Befehl, das Reichstagsgebäude zu besetzen und dort die Fahne zu hissen, »besondere Bedeutung« hatte. »Wir sahen ihn ihm das Ende dieses schweren und blutigen Krieges.« (196, S. 339)

Im Wahnsinn des »Schicksalkampfes bis zum letzten Mann« leisteten Wehrmachts- und SS-Verbände im Reichstag erbitterten Widerstand. Das Gebäude glich einer Festung. »Alle Fenster und Ausgänge waren abgemauert, nur Schießscharten waren zu sehen. Um das ganze Gebäude herum und auch im benachbarten Tiergarten zogen sich Laufgräben. Auch Flakartillerie, auf Direktbeschuß eingestellt, war ebenfalls zur Verteidigung des Reichstages eingesetzt.

Zum Gebäude waren es nicht mehr als 200 bis 300 Meter. Aber diese Stellen wurden verstärkt verteidigt. Maschinengewehrnester, mit Wasser gefüllte Gräben oder Bombentrichter versperrten ... den Zugang«. (196, S. 340ff) Nach einem über zehnstündigen Kampf um jeden Raum wehte am 30. April 1945 um 20.50 Uhr die rote Fahne über der Reichstagskuppel.

Alle – sowohl die zeitgenössischen als auch spätere – Berichte sowjetischer Soldaten und Offiziere gaben diesen Eindruck wieder: Der Reichstagsbau war das Symbol des deutschen Faschismus. Vielleicht wirkte hier noch der Reichstagsbrand als Auftakt des offenen braunen Terrors nach und spielte die Monumentalität des Gebäudes – die Siegerfahne an höchstmöglicher Stelle – eine Rolle. Der Symbolik des Vorgangs tat auch keinen Abbruch, daß kein Foto der Flaggenhissung existiert. Alle als solche veröffentlichten sind bei Tageslicht nachgestellt.

Eine abenteuerliche Geschichte hatte die Luftaufnahme vom Reichstag mit Siegesfahne, die die »Prawda« am 1. Mai veröffentlichte. Der Fotograf Viktor Tjomin war zusammen mit dem Kameramann Roman Karmen beauftragt worden, den Sieg in Berlin zu filmen. Tjomin startete mit einer gerade noch flugtüchtigen Maschine und fotografierte das noch rauchende Reichstagsgebäude, auf dessen Kuppel die sowjetische Flagge wehte. Er hatte seinen ganzen Film belichtet und wußte nicht, wie er damit nach Moskau gelangen sollte. So befahl er dem Piloten einer anderen, nicht lädierten Maschine, ihn nach Moskau zu fliegen, wo er um 2.00 Uhr nachts seine Bilder in der »Prawda«-Redaktion ablieferte. Marschall Shukow hatte inzwischen wegen des Flugzeugdiebstahls seine standrechtliche Erschießung angeordnet. Am 3. Mai um 7.00 Uhr landete Tjomin mit derselben Maschine und 20 000 Exemplaren der »Prawda« mit dem bewußten Foto wieder in Berlin – inzwischen »begnadigt«. Er hatte das erste sowjetische Pressefoto vom Ereignis geliefert.

Eine der nachgestellten Aufnahmen am Tag danach: Soldaten hissen die Rote Fahne auf dem Reichstag

Das Ende der Festung Reichstag, Königsplatz 1945

Reichstag ohne Reich
Wiederaufbau oder Abriß

Als Paul Wallot 1899 an seinen Freund Bluntschli schrieb, daß sein »Kasten« wie ein »ausgebranntes Schloß« ausgesehen hätte, wenn die Kuppel über der Halle an der Westseite errichtet worden wäre, konnte er nicht ahnen, wie nahe er mit diesem Vergleich der Realität von 1945 gekommen war. Die zerschossene, zerschundene Reichstagsruine mit zigtausend Einschußlöchern wirkte wie ein Symbol für das trostlose Ruinenfeld Deutschland. Im Inneren waren die Wände verkohlt, die Plastiken nasen-, bein-, arm- und kopflos. Die wenigen hellen Flächen und Nischen, die zersprungenen und zerborstenen Pilaster, Säulen und Treppenläufe zeigten kyrillische Inschriften – wie aus dem Personenverzeichnis von »Krieg und Frieden« die Namen Hunderter Soldaten als Siegeszeichen des 10000-Kilometer-Marsches von der Kirghisei bis zum Königsplatz. Draußen spukten die Überreste von rostendem Kriegsgerät, von Bunkern, Flakstellungen und Granatkratern. Davor lagen Obst- und Gemüsefelder, auf denen »Stadtbauern« ihre Ernte einbrachten. Was sollte aus diesem Haus werden?

Das Reichstagsgebäude hatte kein Parlament mehr zu beherbergen, keinem Parlamentarier Schutz oder Immunität zu bieten. Sollte es wieder aufgebaut werden – womöglich als gesamtdeutsches Parlament – oder sollte es zum »reichhaltigen Steinbruch« werden, wie die sowjetnahe »Tägliche Rundschau« am 10. Dezember 1947 vorschlug?

Razzia auf dem Reichstag-Schwarzmarkt, März 1946

Eine der wichtigsten Fragen war die nach dem Schicksal der ausgebrannten 300 Tonnen schweren Kuppel. Das Prüfamt für Baustatik beim Berliner Bausenator veröffentlichte am 10. Mai 1950 ein Gutachten, in dem es hieß, die Stahlkuppel über dem Plenarsaal sei »ein erheblicher Gefahrenzustand«. Es wurde empfohlen, sie »vor dem Beginn jeglicher Abräumarbeiten durch eine zugelassene Fachfirma abzubrechen.« Dabei hatten diese Arbeiten bereits am 31. August 1948 inoffiziell begonnen.

Am 23. Mai 1950 wurde zwischen Senat und Bundesregierung vereinbart, daß das Reichstagsgebäude eine Bundesangelegenheit sei und nicht der Verwaltung der Stadt Berlin unterstehe. Damit lag die Entscheidung über die Kuppel in Bonn. Dennoch geschah wenig.

Als am 24. Mai 1952 eine Filmgesellschaft den Reichstag zum Drehort machen wollte, wurde Richard Pardon mit einem Bauzustandsgutachen beauftragt, das am 22. August vorlag. Es war verheerend. Am 29. Januar 1953 kam der Bescheid des Bundesministers für Finanzen, daß die Kuppel abgerissen werden dürfe, und am 25. Februar gab auch der Berliner Senator für Finanzen grünes Licht.

Der erste Versuch am 23. Oktober, die Kuppel mittels Thermitladungen zum Einsturz zu bringen, schlug wegen des kalten Wetters fehl. Am 22. November 1954 aber war die Krone des Reichstages gefallen.

Die öffentliche Diskussion drehte sich in der unmittelbaren Nachkriegszeit aber erst einmal nicht um die Kuppel, sondern um den Bestand des Baues überhaupt. Schon Anfang Januar 1946 war der Beauftragte für den Wiederaufbau Berlins und spätere Stadtbaurat Hans Scharoun für die Erhaltung des alten Wallot-Baus und für seine Nutzung als Parlamentsgebäude eingetreten. Doch es folgte keine Entscheidung.

Während in der Öffentlichkeit und hinter verschlossenen Türen über das Schicksal des Hauses geredet und verhandelt wurde, trafen andere tagtäglich am Gebäude auf ihre eigene Art Entscheidungen. Das Gelände ringsum wurde zum beliebtesten Umschlagplatz für den Berliner Schwarzmarkt. Täglich fanden dort Razzien statt, die den Handel freilich nicht unterbinden konnten. Als nach der Währungsreform der Preis für Buntmetalle sprunghaft anstieg, bemächtigten sich die Diebe des Hauses und besorgten die Demontage alter Symbole. Damit gingen große Teile des plastischen Schmuckes für immer verloren. Die reitenden Herolde von Maison wurden buchstäblich zerstückelt. Repliken in einem Bremer Park, bis 1942 hatten sie vor dem dortigen Rathaus gestanden, bieten wenigstens für diese Bildwerke die Chance einer Kopie.

Die Unmöglichkeit, Entscheidungen für die Zukunft der geteilten Stadt zu treffen, begünstigte einen Wettkampf um die Vereinnahmung der Ruine. Einerseits ließ die Sowjetunion Sandsteinquader nach Moskau verfrachten und dort mit der 1945 auf dem Reichstagsgebäude gehißten roten Fahne im Armeemuseum ausstellen, andererseits versammelte Ernst Reuter Hunderttausende Berliner vor dem Reichstag, um während der Blockade ein Zeichen des Trotzes, des Durchhaltens zu schaffen: »Schaut auf diese Stadt.«

Die Diskussion um den Wiederaufbau des Hauses mußte stets mit der Frage nach seiner Funktion verbunden sein. Doch es ging nicht nur um den praktischen Nutzen, es ging auch um den Symbolwert und hier wurden die Gedanken besonders schwammig. Jakob Kaiser, Minister für Gesamtdeutsche Fragen, war einer der ersten Politiker, der sich für den Wiederaufbau einsetzte. Am 22. April und am 1. Mai 1949 sprach er für den Wiederaufbau dieses »Hauses der Deutschen«. Am 16. Mai 1951 traf er sich im Berliner Bundeshaus mit Will Grohmann, Walter Rossow und anderen, um die Zukunft des Reichstagsgebäudes zu besprechen. Während Kaiser jedoch die Meinung ver-

Ernst Reuter (rechts) appellierte in einer bewegenden Rede: Völker der Welt. Schaut auf diese Stadt!«

350 000 Berliner versammelten sich am 9. September 1948 aus Protest gegen die Blockade vor dem zerstörten Reichstag.

trat, daß man nicht nur die parlamentarische Geschichte des Gebäudes, sondern auch seine Zukunft ins Auge fassen müßte und daß das Haus »Kristallisationspunkt für den Gedanken der Wiedervereinigung Deutschlands« bleiben sollte, gingen die Architekten von Ludwig Hoffmanns Beurteilung des Gebäudes als »Leichenwagen erster Klasse« aus: »Es bestand in folgender Diskussion Einigkeit darüber, daß die Formulierung Ludwig Hoffmanns wohl richtig sei.« (198) Hier kam bereits kurz nach Ende des Zweiten Weltkrieges das durch den Werkbund leider allzu erfolgreich propagierte besonders fatale Argument auf, daß man in Berlin »eine Tendenz zu gedankenloser Restaurierung beobachten könne«. Man könne ja nicht einfach die alten Prunkformen des Kaiserreiches übernehmen, ohne genau zu wissen, in welche Richtung man gehe. Die monarchistischen Schnörkel sollten entfernt werden. Der Bau wurde nicht als Dokument seiner Zeit verstanden, man interpretierte ihn in die Gegenwart hinein.

Die Diskussion in der Öffentlichkeit wurde durch eine gesamtdeutsche Spendenaktion für die Ruinensicherung und den Wiederaufbau mobilisiert. 1952 befürwortete Theodor Heuss einen Wiederaufbau ohne Festlegung einer zukünftigen Zweckbestimmung und schlug vor, einen Wettbewerb auszuschreiben, »an dem sich sämtliche deutsche Architekten, auch die aus der Ostzone, beteiligen können«. In der Senatsbauverwaltung war man der Ansicht, daß man dem Haus »ein einigermaßen zeitnahes Gesicht« geben müsse (200), wobei durchaus auch Büroräume für parlamentarische Zwecke vorzusehen seien.

Nach einer ergebnislosen Diskussion im Bundestag im September 1954 stand der Reichstag am 24. März und 26. Oktober 1955 wieder zur Debatte. Es ist bemerkenswert, daß außer den konservativen Parteien, wie Gesamtdeutscher Block/BHE und CDU/CSU, es besonders die SPD war, die den Wiederaufbau des Reichstagsgebäudes forcieren wollte, während die FDP kein besonderes Interesse daran zeigte. Willy Brandt sagte im Bundestag: »Es geht nicht darum, ob die künftige Nationalversammlung im wiederaufgebauten Reichstagsgebäude würde arbeiten können, oder ob es dazu neuer Bauten bedürfen würde, sondern es geht um ein bißchen Sinn für Geschichte (Abg. Wehner: sehr wahr!) und auch um die Klärung der Frage, wie denn überhaupt praktisch der Wiederaufbau des Reichstagsgebäudes für den einen oder anderen nationalen Zweck sinnvoll in die Wege geleitet werden soll.« (181)

Schrotträuber im Reichstag, Januar 1950

Der FDP-Abgeordnete Hübner meinte: »Der Anblick der Reichstagsruine weckt doch die Überzeugung, daß mit dem ... Ende dieses Wallot-Baues eine ganze Epoche zu Ende gegangen ist. ... Deshalb schließen wir uns der Auffassung des ... Berliner Senats an, die eine eindrucksvolle räumliche Gliederung des neuen Regierungsviertels im Spreebogen vorsieht.« (181) Die FDP konnte das Problem des Wiederaufbaus nur im Zusammenhang mit einem gesamten Aufbau des verwüsteten Platzes der Republik verstehen; das hat dann weiteres verhindert.

Die dritte Zerstörung des Wallot-Baues

Die Regierung folgte 1955 dem am 24. März gestellten Antrag der GB/BHE-Fraktion: »Die Bundesregierung wird ersucht, im Nachtragshaushalt für das Rechnungsjahr 1955, spätestens jedoch im Bundeshaushaltsplan für das Rechnungsjahr 1956 für die Vorbereitung und Durchführung eines gesamtdeutschen städtebaulichen Ideenwettbewerbs ›Hauptstadt Berlin‹ DM 350000 und für die Vorbereitung und Durchführung des beschränkten Architektenwettbewerbs ›Wiederaufbau Reichstagsgebäude‹ DM 60000 zu veranschlagen«. (201) Der Bundestag folgte auch dem Antrag Brandts, den Regierungsantrag ohne Diskussion in den Ausschüssen anzunehmen.

Im Herbst 1957 wurde für die Planungsarbeit ein Fachgremium berufen, dem u.a. die Architekten Johannes Rossig, Otto Bartning, Hans Scharoun und Edgar Wedepohl angehörten. Dieses Gremium ging davon aus, daß das Gebäude wiederaufgebaut, aber die Frage der Zweckbestimmung des Hauses erst nach dem Ideenwettbewerb anläßlich der Internationalen Bauausstellung entschieden werden sollte. Der Wiederaufbau der Kuppel wurde abgelehnt: »Zur Beleuchtung des Plenarsaals mit Oberlicht ist heute technisch eine derart umständliche Konstruktion nicht mehr erforderlich. Der Wiederherstellung oder dem Neuaufbau einer Glas-Eisen-Kuppel im Wallot'schen Sinne fehlt die innere Berechtigung technischer Notwendigkeit... Auch ohne Kuppel bleibt der Wallot-Bau mit seinen vier kastellartigen Ecktürmen in seinem wesentlichen Grundcharakter erhalten. Die Ecktürme sollten auf jeden Fall beibehalten werden. Aber der plastische Schmuck ›im Geiste des ewigen Barock‹ sollte keine Fortsetzung der Wallot'schen Linie sein, sondern mit modernen bildhauerischen Gedanken neu gestaltet werden.« (202, S. 10) Weder Akzeptanz des Baues als Dokument in seinem historischen Erscheinungsbild und seiner ästhetischen Ganzheit noch der Versuch einer substantiellen Vereinnahmung mit zeitgemäßer Gestaltung – also »nur« eine Verfälschung.

Gegen nichtparlamentarische Nutzung sprach sich Bundestagspräsident Eugen Gerstenmaier im März 1957 aus. Nach seiner Meinung bot das Reichstagsgebäude anderthalbmal so viel Platz wie das Bonner Gebäude. Gerstenmaier betonte, Deutschland sei nicht übermäßig reich an traditionellen Anknüpfungsmöglichkeiten. Man müsse auch den Mut haben, »zu dem, was bitter in unserer Geschichte war, zu stehen und es nicht wegzuwünschen.« Daher sei er der Meinung, daß

Die Kuppelsprengung am 22. II. 1954

»der historische Bau des ersten deutschen Reichstages ... seinen ursprünglichen Zwecken entsprechend verwendet« werden sollte. (203)

Mit Gerstenmaiers Eintreten für den Wiederaufbau als Parlament erreichte die Diskussion einen vorläufigen Höhepunkt. Dann folgte ein Vorgang, der zu einer völlig neuen Situation führte. Die gerade ins Leben gerufene Bundesbaudirektion gab bekannt, daß sie als Experiment ein Teilstück der Reichstagsfassade wiederherstellen würde. Es erhob sich kein Protest, da die meisten Beteiligten und Interessenten froh waren, daß ein äußeres Zeichen für den Wiederaufbau gegeben wurde.

In diesem Jahr 1957, in dem die »Interbau« mit dem Hansa-Viertel Schlagzeilen machte, durfte anscheinend ein wiederaufgebautes Reichstagsgebäude keine Ornamente, keinen Schmuck und keine Schnörkel mehr haben. Am 24. August mokierte sich in der »Welt« die Architekturhistorikerin Anna Teut: »Der Geist, der sich im Wallot-Gebäude manifestiert, ist dem übersteigerten Repräsentationswillen einer unsicheren, im Umbruch begriffenen und in vielem maßlos gewordenen Epoche entsprungen, die sich gezwungen sah, auf fremde Stilformen zurückzugreifen, weil sie aus Eigenem nichts zu produzieren vermochte ... Wir können nicht glauben, daß die Bundesregierung ihren Ehrgeiz in die Restauration früherer Werte setzt, nur weil dies aus politischen Gründen opportun erscheint. Dies wäre dasselbe, was jenseits des Brandenburger Tores geschieht und was wir dort verurteilen und verabscheuen. Wir können nur hoffen, daß die Idee, den alten Wallot'schen Reichstag in voller Herrlichkeit zu restaurieren ... auf die Hitze des Wahlkampfes zurückzuführen ist und daß sie nach der Schlacht alsbald verblassen wird.« Der kulturvolle Umgang mit einem historischen Bauwerk und Ort ist nicht jedem gegeben – die Beziehung zur Architektur und Kunst der Neostile war in jener Zeit ohnehin unausgewogen und schlichtweg ablehnend.

Demzufolge verwundert der vom »Telegraf« am 26. September geschilderte Vandalismus nicht: »Unter dem Motto der Stilbereinigung fielen der über dem Rundgang des großen Fensters angebrachte Frauenkopf, die unteren Zwischenfenster und die eingearbeiteten Wappen weg. Das ursprüngliche Modell Wallots sah all diese Schnörkeleien nämlich gar nicht vor, man fügte sie dann später auf ›höchsten‹ Wunsch noch dazu.« Diese Geschichtsfälschung schuf den Vorwand für die Beseitigung allen »störenden Beiwerks« – es war ja Kaisers Kitsch. Hier kamen die Wünsche Ludwig Hoffmanns, Peter Behrens' und aller späteren sogenannten demokratischen Bauexperten zur Wirkung.

Es gab wohl keinen Menschen in Berlin, der wie Radbruch und Häring die Interdependenz von genius loci und Architektur erkannte. Was für Berlin recht war, mußte auch für das Reichstagsgebäude billig sein. Die große Zeit des Stuckabschlagens – sogar kommunal prämiert – hatte begonnen, hier entstand, was Wolf Jobst Siedler und Elisabeth Niggemeyer als »gemordete Stadt« bezeichneten. (204)

Entrümpelung und Ruinensicherung im Jahre 1957.
Die Hindenburg-Büste stammte vermutlich
von der Trauerfeier am 6. 8. 1934 in der Kroll-Oper

Nach einem beschränkten Wettbewerb erhielt Paul Baumgarten am 19. Januar 1961 in aller Stille den Auftrag zum Ausbau der Ruine ohne konkrete neue Zweckbestimmung als Vorgabe. In dieser Phase war die Öffentlichkeit kaum noch unterrichtet, geschweige denn einbezogen. Öffentlich waren dann nur die außenpolitischen Querelen. Anläßlich der Eröffnung am 11. November 1963 durch den Ältestenrat des Bundestages schlug die Sowjetunion Alarm: Sie betrachtete die Verbindung Bundestag-Berlin als einen Verstoß gegen das Völkerrecht und das Besatzungsstatut. Für die vier Alliierten war Berlin kein Bundesland, also hatte der Bund hier keine hoheitlichen Rechte. Auf sowjetischen Druck hin durfte 1969 die Wahl des Bundespräsi-

Die Reichstagsweide im Jahr 1959. Die Fassade ist bereits von nahezu allem »störenden Beiwerk« befreit

denten auch nicht im Reichstag stattfinden, sie wurde in die Messehalle am Funkturm verlegt.

Etwa 1964 traten Gerüchte auf, wonach die nach dem 13. August 1961 errichtete Grenzmauer um acht Meter westwärts zum Reichstagsgebäude verlegt werden sollte. Gespräche zwischen Ost und West führten dazu, daß sie nur um zwei Meter verlegt wurde. Was nicht publik wurde: 78 Zentimeter des östlichen Mittelvorbaus des Reichstages standen de facto auf Ostberliner Gebiet – in diesem Sinne doch immer ein gesamtdeutsches Parlament. Die Rührstory einer Ostberliner Zeitung dagegen gehört wohl ins Reich der Legenden: »Der Kaiser als Bauherr wünschte das ungeliebte Parlament nicht auch noch auf dem Boden der Reichshauptstadt zu sehen. Da verschob Paul Wallot, als demokratisch gesinnter Baumeister, die Fundamente heimlich um jene 78 Zentimeter, und die Bürger Berlins hatten den Reichstag bei sich in der Stadt – ein Stück jedenfalls.« (205)

Nach dem Abschluß des »Wiederaufbaus« um 1970 entbrannte die Diskussion um die Zweckbestimmung des Reichstagsgebäudes aufs neue. Der Präsident des Berliner Abgeordnetenhauses, Walter Sickert, versprach zu prüfen, ob nicht das West-Berliner Abgeordnetenhaus einziehen könnte. Doch die Prüfung versandete: Am 21. März 1971 öffnete eine große Ausstellung zum 100. Jahrestag des Reichstages ihre Pforten – »Fragen an die deutsche Geschichte«. Nach einer Umgestaltung wurde sie ab 7. September 1974 zur Dauerausstellung und zum Hauptmieter des Gebäudes.

Der Mauerbau drängte den Reichstag in eine Randlage: Auf der Straße des 17. Juni errichtete die Polizei Sperren, um Massenaktionen gegen den Mauerbau zu verhindern (oben rechts), alliierte Truppen demonstrierten Präsenz. 1966 wurde der Mauerverlauf hinter dem Reichstag korrigiert: Die Pfeiler des östlichen Vorbaus standen auf der eigentlichen Grenzlinie

Reichstag, Haus der »Kammer der Technik« und Brandenburger Tor im Mauerlabyrinth

Veränderte Situation - neue Aufgaben

Dem eigentlichen Zweck des Reichstages diente sein Haus nur 37 Jahre, vom 5. Dezember 1895 bis zum 9. Dezember 1932. Ohne einen neuen Termin festzulegen, war der Reichstag auseinander gegangen und wurde am 1. Februar 1933 aufgelöst. Vier Wochen später brannte das Gebäude. Seitdem sind 59 Jahre verstrichen, und erst am 3. Oktober 1990, am Tag der Einheit, fand im Hause eine Parlamentssitzung des Deutschen Bundestags statt.

Seit der Fertigstellung 1972 ist das Reichstagsgebäude ein Haus im Wartestand. Der Plenarsaal, seit dem Umbau nicht mehr 640, sondern 1400 Quadratmeter groß, wurde nicht endgültig möbliert, mit einem gesamtdeutschen Parlament war nicht zu rechnen. Als Bundestags-Filiale fristete das Haus ein luxoriöses Dasein - es wurde für Tagungen aller Art genutzt, nur nicht für Plenarsitzungen und Sitzungen der Ausschüsse, auch nicht für die alle fünf Jahre stattfindende Bundesversammlung.

Weil ihm die fruchtlose Diskussion um das Symbol der parlamentarischen Demokratie so absurd vorkam, schlug der »Verpackungskünstler« Christo 1971 vor, das Gebäude für zwei Wochen zu verhüllen. Schon der Vorschlag löste, wie erwartet, heftige Diskussionen aus.

Seine Verpackungsbemühungen waren zwar bisher erfolglos, aber das Reichstagsgebäude blieb in der öffentlichen Diskussion. Und weil viele diesen Dornröschenschlaf für absurd hielten, kamen verschiedene Vorschläge für die Nutzung auf: als Spielcasino, als

Michael-Jackson-Konzert am 19. 6. 1988. Für Fans aus der DDR
zogen bei Großkonzerten vor dem Reichstag die Ostberliner Sicherheitskräfte die Grenze schon an der Friedrichstraße

Haus der Deutschen Nationalstiftung, als Lotterieeinnahmestelle, als Museum für Deutsche Geschichte. Doch der Bundestag lehnte ab, mit dem Schicksal des Reichstagsgebäudes sei nicht zu spaßen.

Als aber am 9. November 1989 die Einigung nahte, begannen Parlamentarier und Journalisten zu fragen, ob nicht jetzt die Zeit gekommen sei, das Gebäude zu verpacken und es für den Bundestag auszubauen. Christo ließ wissen, daß er nach wie vor an der Verhüllung interessiert sei.

Im Frühjahr 1990 begann auch die öffentliche Diskussion um die Hauptstadt des neuen Deutschlands, um den künftigen Ort von Parlament und Regierung. Die Ungewißheit, die besonders von Politikern aus Nordrhein-Westfalen wegen des Verlustes der wichtigsten Funktionen Bonns geschürt wurde, drückte sich im zweiten Absatz des Einigungsvertrages aus, wonach Berlin zwar Hauptstadt sei, über den Sitz von Bundestag und Bundesregierung aber später zu entscheiden sei.

Natürlich war es unmöglich, für das Reichstagsgebäude zu planen, ohne zu wissen, ob es früher oder später Parlamentssitz werde. Auch machte diese Ungewißheit Planung und Bauen in Bonn schwierig – viele Bauwerke blieben auf dem Reißbrett, andere wurden nicht zu Ende geführt oder die Baustellen geschlossen.

Um dennoch für alle Eventualitäten gerüstet zu sein, bat der Ältestenrat des Bundestags am 6. September 1990 die Bundestagspräsidentin Rita Süssmuth »dafür zu sorgen, daß die Voraussetzungen für die Arbeits-

Mauer-»Abriß« in der Ebertstraße – die unwiederholbare Situation des Jahres 1990

fähigkeit des Deutschen Bundestages in Berlin verbessert und hergestellt werden. Um dies zu ermöglichen, wird die Bundesregierung aufgefordert, über ihre gesetzlichen Verpflichtungen hinaus die Präsidentin dabei zu unterstützen und ihr unverzüglich ihre Überlegungen hierzu darzulegen.« (162, S. 4)

Daraufhin bat die Bundestagspräsidentin den Bundesfinanzminister, »vorsorglich verfügbare Bürogebäude und Grundstücke in der Nähe des Reichstagsgebäudes in Berlin vorrangig für den Deutschen Bundestag« vorzumerken. Beauftragt damit wurde die Bundesbauverwaltung, die eine Untersuchung über die »Unterbringungsmöglichkeiten des Bundestags in Berlin« in Angriff nahm. Im Februar 1991 lag der Bericht vor.

Danach gab es drei Lösungsvarianten. Dabei wurde berücksichtigt, daß der Bundestag einen Raumbedarf von 188300 Quadratmetern hat, das Reichstagsgebäude aber nur 17000 Quadratmeter bietet. Die »Sofortlösung« sah Sondersitzungen im Reichstagsgebäude vor, »Lösung A« die »vollständige Unterbringung ... im Reichstagsgebäude und in vorhandenen Gebäuden in Berlin«, »Lösung B« die »vollständige Unterbringung ... im Reichstagsgebäude, in nahegelegenen vorhandenen Gebäuden, in Neubauten in unmittelbarer Nähe des Reichstages«. Um den Reichstag und Unter den Linden stünden viele ehemalige Ministerien der DDR leer. Diese Gebäude könnten den neuen Aufgaben entsprechend umgebaut werden. Für Dauerlösungen sei aber die Zeit noch nicht reif, solange nicht sicher sei, daß das Reichstagsgebäude Parlamentssitz werde. (162, S. 4) Um den Fortgang der Hauptstadtdiskussion und die anschließende Abstimmung im Bundestag

Die Vereinigungsfeier am 3.10.1990 auf dem Platz der Republik

nicht zu beeinflussen, wurde der Bericht bis nach dem 20. Juni 1991 zurückgehalten.

Das Reichstagsgebäude spielte dennoch eine Rolle in der Hauptstadtdiskussion; Gerüchte über einen Milliarden-Umbau machten die Runde und schreckten viele ab. Im Zuge der Diskussion über einen Wiederaufbau des Stadtschlosses wurde auch vorgeschlagen, an dieser Stelle ein neues Bundeshaus zu errichten, mehr dadurch motiviert, den Ort des Schlosses zu würdigen, denn als wirklich ernst gemeinter Parlamentsvorschlag.

Die Atmosphäre wurde immer hitziger, als der Bundestag beschloß, die Hauptstadtabstimmung am 20. Juni 1991 in Bonn vorzunehmen. Für eine Sitzung des Bundestags im Reichstagsgebäude Ende Mai mobilisierte Stadtentwicklungssenator Hassemer seine Kräfte; in der »Kammer der Technik«, schräg gegenüber dem Reichstag in der Clara-Zetkin-Straße, zeigte seine Verwaltung Mitgliedern des Bundestags ein Modell von Berlin als »Hauptstadt der kurzen Wege«. Diese Präsentation wird wohl auch bewirkt haben, daß manch ein Abgeordneter seine Stimme für Berlin gab.

Mittlerweile gilt diese Debatte als historisch. Nach einem vollen Tag der kontroversen und teilweise grandios vorgetragenen Plädoyers, wobei die der Berlin-Befürworter Wolfgang Thierse und Innenminister Schäuble hervorstachen, verkündete Präsidentin Süssmuth das Ergebnis: von 660 Abgeordneten hatten 338, mehr als die Hälfte, für den sogenannten »Berlin-Antrag« gestimmt. Über den lapidaren Satz »Sitz des Deutschen Bundestages ist Berlin« enthält der Text in Paragraph 2 eine Aufforderung: »Die Bundesregierung wird beauftragt, gemeinsam mit der Verwaltung des Deutschen Bundestages und dem Senat von Berlin bis zum 31.12.1991 ein Konzept zur Verwirklichung dieser Entscheidung zu erarbeiten. Dabei soll mit der Herrichtung der notwendigen Kapazitäten für Tagungen des Deutschen Bundestages, seiner Fraktionen, Gruppen und Ausschüsse in Berlin schnell begonnen werden. Die Arbeitsfähigkeit soll in vier Jahren hergestellt sein«. (39, S. 638) Der Reichstag wurde nicht erwähnt.

Nicht einmal eine Woche war nach diesem Beschluß vergangen, als das Bundestagspräsidium Kontakt zum Berliner Senat und zur Bundesregierung aufnahm, um Paragraph 2 umzusetzen. Mittlerweile ist entschieden, daß es keinen Bundestagsneubau geben wird, sondern der umgebaute Reichstag diese Funktion übernimmt.

bauministerium, im Senat wird fieberhaft beraten und geplant.

Und so bietet sich die Situation am Jahresende 1991: der Bundestag wird künftig im Reichstagsgebäude tagen; die fehlenden 5000 Räume werden in unmittelbarer Nähe des Hauses, im Spreebogen und in den Blocks östlich des Reichstags gebaut werden. Auch die Wohnungen und Büros für Abgeordnete, Journalisten, Lobbyisten und Verwaltungsangestellte sollen in unmittelbarer Nähe liegen.

Unklar bleibt, ob die Kuppel wiederhergestellt wird,

Die Eröffnung des ersten gesamtdeutschen Bundestages am 20.12.1990 im Reichstag, am Rednerpult Willy Brandt

Bundestagsvizepräsidentin Renate Schmidt schlug vor, das Reichstagsgebäude in »Bundestag« oder »Bundeshaus« umzubenennen. Der Abgeordnete Friedbert Pflüger ergänzte ihren Vorschlag: Christo möge das Reichstagsgebäude verhüllen, damit es als »Bundeshaus« enthüllt werden könne.

Das Reichstagsgebäude kann man nicht isoliert denken: Viele Ministerien werden aus Bonn nach Berlin ziehen. Die Stadt wird nicht nur Parlaments- sondern auch Regierungssitz. Dafür sind umfangreiche Überlegungen notwendig. Die Architekten Kohlmaier & Sartory entwickeln ihre Pläne für eine Wiederherstellung der Kuppel, in der Bundestagsverwaltung, im Bundes-

ob die von Paul Baumgarten umgebauten Räume zurück- oder weitergebaut werden – all diese Probleme muß ein städtebaulicher Wettbewerb lösen, der Anfang 1992 ausgelobt wird, wobei der Denkmalschutz noch Stellung beziehen muß. Auch über eine mögliche Verhüllung des Gebäudes durch Christo ist noch nicht entschieden. Die Berliner drängen, damit Signale für die Wirtschaft gesetzt werden, die Bonner scheinen einiges zu verschleppen; auch sie wollen »Signale« setzen.

Nur über ein Datum sollte Konsens bestehen. Die konstituierende Sitzung des nächsten Bundestags müßte am 100. Jahrestag der Reichstagseinweihung stattfinden, am 5. Dezember 1994.

Die »Flagge der Einheit« vor dem Reichstag im Sommer 1991,
im Hintergrund das Ödland der ehemaligen Ministergärten an der einstigen Wilhelmstraße und des Potsdamer Platzes

Quellen- und Literaturnachweis

(1) Fesser. Gerd: Der Weg nach Königgrätz 1866. Illustrierte historische Hefte, Nr. 13. Berlin 1978.
(2) Moltke, Helmuth v.: Gesammelte Schriften und Denkwürdigkeiten. Bd. 1, Berlin 1892.
(3) Mehring, Franz: Deutsche Geschichte vom Ausgange des Mittelalters. Berlin 1947.
(4) Moltke, Helmuth v.: Gesammelte Schriften und Denkwürdigkeiten. Bd. 3, Berlin 1891.
(5) Börner, Karl Heinz: Wilhelm I. Deutscher Kaiser und König von Preußen. Eine Biographie. Berlin 1984.
(6) Lange, Annemarie: Berlin zur Zeit Bebels und Bismarcks. Zwischen Reichsgründung und Jahrhundertwende. Berlin 1976.
(7) Lange, Annemarie: Das Wilhelminische Berlin. Zwischen Jahrhundertwende und Novemberrevolution. Berlin 1967.
(8) Lange, Annemarie: Berlin in der Weimarer Republik. Berlin 1987.
(9) Holmsten, Georg: Die Berlin-Chronik. Daten – Personen – Dokumente. Düsseldorf 1990.
(10) Clauswitz, Paul: Die Städteordnung von 1808 und die Stadt Berlin. Berlin 1908 (Reprint 1986).
(11) Borrmann, Richard: Die Bau- und Kunstdenkmäler von Berlin. Mit einer geschichtlichen Einleitung von P. Clauswitz. Berlin 1893 (Reprint 1982).
(12) Seyer, Heinz: Berlin im Mittelalter. Die Entstehung der mittelalterlichen Stadt. Berlin 1987.
(13) Kieling, Uwe: Berlin – Historische Adressen im Nikolaiviertel. Berlin-Leipzig 1989.
(14) Kieling, Uwe: Berlin – Baumeister und Bauten. Von der Gotik bis zum Historismus. Berlin-Leipzig 1987.
(15) Cullen, Michael, S.: Der Reichstag. Die Geschichte eines Monumentes. Berlin 1983.
(16) Demps, Laurenz: Der Gensd'armen-Markt. Gesicht und Geschichte eines Berliner Platzes. Berlin 1987.
(17) Ribbe, Wolfgang (Hrsg.): Geschichte Berlins. 2 Bde. München 1987.
(18) Cullen, Michael S.: Leipziger Straße Drei. Eine Baubiographie. In: Mendelssohn Studien, Band 5. Berlin 1982.
(19) Nicolai, Friedrich: Beschreibung der Königlichen Residenzstädte Berlin und Potsdam. Berlin 1786 (Reprint 1980).
(20) Poschinger, Heinrich v.: Fürst Bismarck und die Parlamentarier. Bd. 1 – Die Tischgespräche des Reichskanzlers. Breslau 1894.
(21) Aus der Hauptstadt. Zwanglose Gedanken über die Pläne zum Reichstagsneubau. Von »Einem der 382«. In: Die Gegenwart, Nr. 28, 25. Mai 1872, S. 283 ff.
(22) Erzgräber, Josef (Hrsg.): Königlich Berlin 1763-1913. Gedanken zum 150jährigen Jubiläum der Königl. Porzellan-Manufaktur Berlin. Berlin 1913.
(23) Möller, Gustav: Die Verlegung der Königlichen Berliner Porzellan-Manufaktur. In: Zentralblatt der Bauverwaltung (ZdB), 1873, Sp. 305f.
(24) Deutsche Bauzeitung (DBZ), Nr. 39 v. 28. September 1871, S. 309.
(25) Klinkott, Manfred: Martin Gropius und die Berliner Schule. Dissertation. Berlin 1971.
(26) Zeitung »Ulk«, 22. Mai 1872.
(27) Deutscher Reichstag Stenographische Protokolle (RTSP), 27. 1. 1875.
(28) Berlin und seine Bauten. Herausgegeben vom Architekten-Verein zu Berlin. Zwei Theile. Berlin 1877.
(29) Stein, August: Von alten und neuen Parlamentshäusern (9. Dezember 1898). In: Irenäus. Frankfurt a.M. 1921.
(30) Raczynski, Athanasius: Geschichtliche Forschungen. Bd. 1. Berlin 1860.
(31) Protokoll der Reichstagsbaukommission (RTBK) vom 14. Juni 1871: DZA II, MÖA, Rep. 93B, Bd. 1924.
(32) DBZ, 16. November 1871.
(33) DBZ, 23. November 1871.
(34) National-Zeitung, 22. Mai 1872.
(35) Erläuterungsbericht zum Entwurf im Besitz von W. Lamprecht, Wiehl, Urenkel von F. Gösling.
(36) Norddeutsche Allgemeine Zeitung, 26. Mai 1872.
(37) Nachruf für Ludwig Bohnstedt. In: Deutsche Bauzeitung, 21. Januar 1885.
(38) Dolgner, Dieter: Architektur im 19. Jahrhundert. Ludwig Bohnstedt, Leben und Werk. Weimar 1979.
(39) Berlin – Bonn. Die Debatten: Alle Bundestagsreden vom 20. Juni 1991. Köln 1991.
(40) RTSP, 7. Februar 1876.
(41) Brief von Athanasius Graf v. Raczynski an Adhemar Graf de Antioche vom 17. Januar 1872 (Privatbesitz).
(42) Brief von Athanasius Graf v. Raczynski an Adhemar Graf de Antioche vom 26. Januar 1872 (Privatbesitz).
(43) Brief von Athanasius Graf v. Raczynski an Adhemar Graf Antioche vom 24. November 1872 (Privatbesitz).
(44) Reichhardt, Hans, J.: ... bei Kroll 1844 bis 1957. Katalog zur Ausstellung des Landesarchivs Berlin vom 14. Juni bis 31. Oktober 1988. Berlin 1988.
(45) Dostojewski, Fjodor Michailowitsch: Gesammelte Briefe 1833-1881. München 1966.
(46) Richter, Eugen: Im alten Reichstag. Berlin 1894.
(47) Bismarck, Otto v.: Die gesammelten Werke. Bd. 6c. Bearbeitet von Werner Frauendienst. Berlin 1935.
(48) Stürmer, Michael: Regierung und Reichstag im Bismarckstaat 1871-1890. Cäsarismus oder Parlamentarismus. Düsseldorf 1974.
(49) Bayerisches Hauptstaatsarchiv (BayHStA), MA 76 277.
(50) DBZ, Nr. 46, 1879.
(51) Wochenblatt für Architekten und Ingenieure, Nr. 8, 20. Juni 1879.
(52) Gegenwart, Nr. 29, 22. Juli 1882.
(53) Deutsches Montagsblatt, 3. Juli 1882.
(54) Deutsches Montagsblatt, 30. Januar 1882.
(55) Berliner Fremdenblatt, 9. Januar 1882.
(56) DBZ, 11. Januar 1882.
(57) Thiersch, Hermann: Friedrich v. Thiersch. München 1925.
(58) Telegramm an P. Wallot. Original im Privatbesitz.
(59) Gurlitt, Cornelius: Vom Reichshause. In: Vom Fels zum Meer. April 1892, S. 8.
(60) National-Zeitung, 28. Juni 1882.
(61) National-Zeitung, 25. Juni 1882.
(62) Theilmann, Rudolf (Hrsg.): Die Lebenserinnerungen von Eugen Bracht. Karlsruhe 1973.
(63) Brief von H. v. Boetticher an O. v. Bismarck vom 4. Juli 1882. DZAI, Reichskanzleramt (Akte auch in Koblenz) Betr. Reichstagsgebäude, 1877-1894.
(64) Hansen, Theophil v.: Skizze eines Entwurfs für das Gebäude des Deutschen Reichstages zu Berlin. Wien 1882.
(65) National-Zeitung, 30. Juni 1882.
(66) Brief von P. Wallot an F. Bluntschli vom 9. Juli 1882. Zentralbibliothek Zürich, Handschriften-Sammlung, FA 45.
(67) Wochenblatt für Architekten und Ingenieure. Februar 1883. (Auch Reichstagsdrucksache (RTDS) 186).
(68) Zedlitz, Leopold v.: Neuestes Conversations-Handbuch für Berlin und Potsdam zum täglichen Gebrauch der Einheimischen und Fremden aller Städte. Berlin 1834. (Reprint 1979)
(69) Berlin und seine Bauten. Berlin 1877. (Reprint 1984)
(70) Streckfuss, Adolf: 500 Jahre Berliner Geschichte. Vom Fischerdorf zur Weltstadt. 2. Aufl. Berlin o.J.
(71) Ring, Max: Die deutsche Kaiserstadt Berlin und ihre Umgebung. 2 Teile. Berlin 1883/84. (Reprint 1987)

(72) Lindenberg, Paul: Berlin in Wort und Bild. Berlin 1895. (Reprint 1985)
(73) Tissot, Victor: Reportagen aus Bismarcks Reich 1874-1876. Berichte eines reisenden Franzosen. Berlin 1989.
(74) Dominik, Emil: Quer durch und ringsum Berlin. Eine Fahrt auf der Berliner Stadt- und Ringbahn. Berlin 1883. (Reprint 1988)
(75) DZA II. MÖA. Rep. 93B. Bd 1921 / Bestand des Ministeriums für Öffentliche Arbeiten.
(76) National-Zeitung, 10.2.1883.
(77) Brief von P. Wallot an F. Bluntschli vom 9. April 1883. Zentralbibliothek Zürich, Handschriften-Sammlung, FA 45.
(78) DBZ, 12. Mai 1883.
(79) DBZ, 2. Juni 1883.
(80) Prememoria P. Wallot. In Privatbesitz.
(81) DBZ, 14. Juli 1883.
(82) DBZ, 11. August 1883.
(83) DBZ, 13. Juni 1883. Auszug aus Boettichers Rede im Reichstag vom 9. Juni 1883.
(84) Brief von P. Wallot an F. Bluntschli vom 20. Juni 1884. Zentralbibliothek Zürich, Handschriften-Sammlung, FA 45.
(85) Gurlitt, Cornelius: Des Reichshauses Baugeschichte. In: Moderne Kunst. Vol. X., S. 118
(86) DZA II. CC. Rep. 2.2.1., Bd. 219, Boetticher an Wilhelm I., 21. Mai 1884.
(87) Magistrats-Vorlage Nr. 361 vom 28.5.1884 »betreffend die Theilnahme von Vertretern der städtischen Behörden an der Feier der Grundsteinlegung für das Reichstagsgebäude«.
(88) DZA II, MÖA, Rep. 93B, Bd. 1922, S. 100.
(89) The Times (London), 10. Juni 1884.
(90) Dresdner Nachrichten, 12. Juni 1884.
(91) Frankfurter Zeitung, 10. Juni 1884.
(92) RTG/Wallot, S. 40.
(93) Bismarck, Otto v.: Die gesammelten Werke, Bd. 6c, Nr. 340.
(94) DZA II, CC. Rep 2.2.1, Bd. 220. Brief vom 4. November 1886.
(95) Brief von Wallot an F. Bluntschli vom 3. Februar 1887, Zentralbibliothek Zürich, Handschriftensammlung, FA 45.
(96) Wallot an Reichensperger, 21. Dezember 1886. LHS Koblenz.
(97) Brief von Wallot an F. Bluntschli vom 28. Juli 1887, Zentralbibliothek Zürich, Handschriftensammlung, FA 45.
(98) Brief von Wallot an F. Bluntschli vom 20. März 1887, Zentralbibliothek Zürich, Handschriftensammlung, FA 45.
(99) Baupolizeiakte, Berlin-Tiergarten
(100) Brief von Wallot an Frau Bluntschli vom 10. Juli 1889, Zentralbibliothek Zürich, Handschriftensammlung FA 45.
(101) Brief von Wallot an F. Bluntschli vom 3. Januar 1889, Zentralbibliothek Zürich, Handschriftensammlung, FA 45.
(102) Brief von Wallot an Reichensperger vom 28. Januar 1889, LHS Koblenz.
(103) Brief von Wallot an F. Bluntschli vom 19. Mai 1890, Zentralbibliothek Zürich, Handschriftensammlung FA 45.
(104) RTDS 178 vom 15. Dezember 1890.
(105) Hitler, Adolf: Mein Kampf, 73. Aufl.
(106) Brief von Wallot an Frau Bluntschli vom 12. Juli 1891, Zentralbibliothek Zürich, Handschriftensammlung, FA 45.
(107) Brief von Wallot an F. Bluntschli vom 31. Dezember 1892, Zentralbibliothek Zürich, Handschriftensammlung, FA 45.
(108) Brief von F. Thiersch an F. Bluntschli vom 6. November 1892, Zentralbibliothek Zürich, Handschriftensammlung, FA 45. FA 44.11.
(109) Brief von Wallot an Reichensperger vom 27. November 1892, LHS Koblenz.
(110) Berliner Tageblatt, 29. April 1893.
(111) Brief von Wallot an F. Bluntschli vom 6.5. 1893, Zentralbibliothek Zürich, Handschriftensammlung FA 45.
(112) Brief von Wallot an F. Bluntschli vom 28. Dezember 1893, Zentralbibliothek Zürich, Handschriftensammlung, FA 45.
(113) Brief von Wallot an F. Bluntschli vom 27. Juni 1894, Zentralbibliothek Zürich, Handschriftensammlung, FA 45.
(114) Vorwärts, 3. Februar 1894.
(115) Das Atelier, Heft 16, August 1894.
(116) Berliner Tageblatt, 7. November 1894.
(117) Röhl, John C.G. (Hrsg.): Philipp Eulenburgs Politische Korrespondenz. Band II. Im Brennpunkt der Regierungskrise 1892-1895. Boppard a. Rhein 1978.
(118) Quinz, Matheo: Reichstag. In: Querschnitt. Heft 3, Berlin 1927.
(119) Neue Freie Presse, Wien, 2. Oktober 1894.
(120) Gurlitt, Cornelius: Erinnerungen an Paul Wallot und den Reichstagsbau. In: Stadtbaukunst, 15. Oktober 1921.
(121) Brief von Wallot an F. Bluntschli vom 27. Juni 1894, Zentralbibliothek Zürich, Handschriftensammlung, FA 45.
(122) Berliner Lokal-Anzeiger, 4. bzw. 5. November 1894.
(123) Frankfurter Zeitung, 4. Dezember 1894.
(125) Vossische Zeitung, 6. Dezember 1894.
(126) Wippchen, Sonntags-Beilage des Kleinen Journals. 9. Dezember 1894. Exemplar im Privatbesitz.
(127) Berliner Tageblatt, 6. Dezember 1894.
(128) Brief von Wallot an F. Bluntschli vom 16. Januar 1895, Zentralbibliothek Zürich, Handschriftensammlung FA 45.
(129) Hamburger Echo, 8. Dezember 1894.
(130) Gedicht von Otto Franz Gensichen. In: »Die Post«, 5. Dezember 1894.
(131) Berliner Tageblatt, 7. Dezember 1894.
(132) Dresdner Nachrichten, 9. Dezember 1894.
(133) Berliner Tageblatt, 10. Dezember 1894.
(134) Vossische Zeitung, 9. Dezember 1894.
(135) Berliner Lokal-Anzeiger, 9. Dezember 1894.
(136) Schumacher, Fritz: Der Geist der Baukunst, Stuttgart/Berlin 1938.
(137) Scheffler, Karl: Deutsche Baumeister. Leipzig 1939.
(138) Thieme, U. / Becker, F. (Hrsg.): Allgemeines Künstler-Lexikon von der Antike bis zur Gegenwart, Bd. 1-37. Leipzig 1907-1950.
(139) Staatsarchiv Potsdam, Pr. Br. Rep 30, Ber C., Titel 94, Akten Nr. 13952, 13988, 10678, 9123.
(140) wie 139, Nr. 9139
(141) Ahrens, H.: Das deutsche Reichstagshaus in seinem heraldischen Schmucke und seinen Inschriften. In: Vierteljahresschrift für Wappenkunde etc., 23. 1895.
(142) Wallot, Paul: Vortrag vor dem Berlin Kunstverein am 12. Februar 1891. Resümiert im Zentralblatt der Bauverwaltung (ZdB), 7. März 1891.
(143) Brief von P. Wallot an K.E.O. Fritsch, undatiert (um 1890). Privatbesitz.
(144) Berlin und seine Bauten. Hrsg. vom Architekten-Verein zu Berlin und Vereinigung Berliner Architekten. 3 Teile in 2 Bd. Berlin 1896.
(145) Brief von P. Wallot an F. Bluntschli vom 19. Mai 1890, Zentralbibliothek Zürich, Handschriftensammlung FA 45.
(146) Hoffmann, Ludwig: Lebenserinnerungen eines Architekten. Bearbeitet und aus dem Nachlaß herausgegeben von W. Schäche. Berlin 1983.
(147) Brief von Hugo Gf. von Lerchenfeld-Koefering an Kraft Gf. von Crailsheim vom 5. Mai 1898. BayHStA, MA 95 448.
(148) Briefe von P. Wallot an F. Thiersch vom 10. und 14. März 1899. In Privatbesitz.
(149) Die Zukunft, 11. März 1899.
(150) Brief von Hugo Gf. von Lerchenfeld-Koefering an Kraft Gf. von Crailsheim vom 23. März 1899. BayHStA, MA 95 448.
(151) Lustige Blätter, Nr. 15/1899.
(152) Brief von Hugo Gf. von Lerchenfeld-Koefering an Kraft Gf. von

Crailsheim vom 22. März 1899. BayHStA, MA 95 488.
(153) Brief von P. Wallot an F. Bluntschli vom 10.6.1899. Zentralbibliothek Zürich, Handschriftensammlung, FA 45.
(154) Zeitschrift für bildende Kunst. 8. Juni 1899, Spalten 427f.
(155) Vorwärts, 5. Dezember 1894.
(156) Vorwärts, 7. Dezember 1894.
(157) Vossische Zeitung, 6. Dezember 1894.
(158) Berliner Lokal-Anzeiger, 11. Dezember 1894.
(159) Berliner Tageblatt, Parlamentsausgabe, 11. Januar 1895.
(160) DZA II. CC., Rep. 2.2.1. Band 220. Boetticher an Wilhelm, 19. Januar 1895.
(161) General-Anzeiger der Stadt Frankfurt a. M., 31. Januar 1895.
(162) Unterbringungsmöglichkeiten des Deutschen Bundestages in Berlin, Berlin 1991.
(163) Berliner Tageblatt, 30. Januar 1895.
(164) Wedekind, Frank: Gedichte und Chansons. München 1979.
(165) Frankfurter Zeitung, 21. Juni 1898.
(166) DZA I, Reichskanzlei, Briefwechsel Wahnschaffe-Valentini.
(167) P. Behrens Schriftwechsel im Nachlaß Lewald, DZA I, Rep. 92.
(168) DZA I, Reichskanzlei.
(169) Spandauer Zeitung, 23. Dezember 1916.
(170) Einholz, Sybille: Reinhold Begas. In: Ethos und Pathos. Die Berliner Bildhauerschule 1786-1914. Ausstellungskatalog. Berlin 1990.
(171) Löschburg, Winfried: Unter den Linden. Gesichter und Geschichten einer berühmten Straße. Berlin 1972.
(172) 74. Sitzung des Haushaltsausschusses, 24. Juni 1925. RTDS III. Wahlperiode 1924/25.
(173) 91. Sitzung des Haushaltsausschusses, 27. November 1925. RTDS III. Wahlperiode 1924/25.
(174) Robolsky, Hermann: Der Deutsche Reichstag. Geschichte seines 25jährigen Bestehens. 1867-1892. Berlin 1893.
(175) Szafransky, Telesfor: Humor im Deutschen Reichstag. Berlin 1894.
(176) Frankfurter Zeitung, 25.3.1908.
(177) DZA I, Rep. 07.01. Reichskanzlei. Bd. 1842 enthält eine Kopie der Flugschrift.
(178) Die Post vom 5. Dezember 1908 zitiert Dernburgs Worte im Berliner Tageblatt.
(179) Der Querschnitt, Bd. 5/2, 1925.
(180) Der Bär. 1. September 1894.
(181) Deutscher Bundestag, Stenographisches Protokoll, Sitzung vom 26. Oktober 1955.
(182) DBZ, 4. August 1894.
(183) Stadtbaukunst, 20. Juni 1929.
(184) Buddensieg, Tilmann: Der Reichstag und die Künstler. Frankfurter Allgemeine Zeitung, 1. Oktober 1977.
(185) Wasmuths Monatshefte, 1930.
(186) ZdB, 5. Februar 1930.
(187) ZdB, 5. März 1930.
(188) Holmsten, Georg: Die Berlin-Chronik. Daten Personen Dokumente. Düsseldorf 1990.
(189) Weißbecker, Manfred: Flucht nach Weimar 1918-1919. Berlin 1981.
(190) Oehme, Walter: Damals in der Reichskanzlei. Erinnerungen aus den Jahren 1918/1919. Berlin 1958.
(191) Hörster-Philipps, Ulrike: Großkapital und Faschismus 1918-1945. Dokumente. Köln 1981.
(192) Drobisch, Klaus: Reichstag in Flammen. Berlin 1983.
(193) Dimitroff, Georgi: Reichstagsbrandprozess. Dokumente, Briefe und Aufzeichnungen. Berlin 1978.
(194) Schulz, Klaus-Peter: Der Reichstag gestern - morgen. Berlin 1969.
(195) Groehler, Olaf: Berlin im Bombervisier. Von London aus gesehen 1940 bis 1945. Berlin 1982.
(196) Gosztony, Peter (Hrsg.): Der Kampf um Berlin 1945 in Augenzeugenberichten. München 1985.
(197) Scheel, Klaus (Hrsg.): Die Befreiung Berlins 1945. Eine Dokumentation. Berlin 1985.
(198) Rossow, Walter: Notiz über eine Unterredung am 16. Mai 1951 im Bundeshaus Berlin, Archiv des Deutschen Werkbundes, Berlin.
(200) Berliner Anzeiger, 6. Mai 1952.
(201) Bundestagsdrucksache 807/1955.
(202) Rossig, Johannes: Denkschrift über den Wiederaufbau des ehemaligen Reichstagsgebäudes. Bonn 1959.
(203) Die Welt, 7. März 1957.
(204) Siedler, Wolf Jobst/Niggemeyer, Elisabeth/Angress, Gina: Die gemordete Stadt. Abgesang auf Putte und Straße, Platz und Baum. Berlin 1964.
(205) BZ am Abend, 2. Oktober 1990, S. 3.
(206) RTSP, Sitzung vom 29. März 1871.
(207) Cullen, Michael S.: Parlamentsbauten zwischen Zweckmäßigkeit, Repräsentationsanspruch und Denkmalschutz, in: Parlamentsrecht und Parlamentspraxis in der Bundesrepublik Deutschland. Hrsg. von Hans-Peter Schneider und Wolfgang Zeh. Berlin 1989.
(208) Fontane, Theodor: Wanderungen durch die Mark Brandenburg. Dritter Teil - Havelland. Berlin 1982.
(209) RTSP, Sitzung vom 19. April 1871.
(210) Geheimes Staatsarchiv Preußischer Kulturbesitz Berlin (früher: Deutsches Zentralarchiv, Hist. Abt. II Merseburg): Rep 93B, Band 1922, 14. Juni 1871.
(211) Geheimes Staatsarchiv Preußischer Kulturbesitz Berlin (früher: Deutsches Zentralarchiv, Hist. Abt. II Merseburg): Rep. 2.2.1, Band 218.
(212) RTSP, Sitzung vom 24. November 1871.
(213) Kölnische Zeitung, 18. Mai 1872.
(214) Phil. Sylvanus, Zeitschrift für bildende Künste, Juli 1872.
(215) RTSP, Sitzung vom 21. Januar 1885.
(216) RTSP, Sitzung vom 19. Mai 1873.
(217) Bericht der Sub-Kommission für die Vorbereitungen zur Erbauung eines Parlamentsgebäudes des Deutschen Reichstags. R Nr. 8, 5. Februar 1874.
(218) Wochenblatt für Architekten und Ingenieure, 3. Mai 1879.
(219) RTSP, Sitzung vom 26. Juni 1879.
(220) RTSP, Sitzung vom 29. April 1881.
(221) Geheimes Staatsarchiv Preußischer Kulturbesitz Berlin (früher: Deutsches Zentralarchiv, Hist. Abt. II Merseburg): Rep 93B, Band 1921, Protokoll vom 22. Juni 1882.
(222) Nationalzeitung Nr. 63, 6. Februar 1883.
(223) RTSP, 9. Juni 1883.
(224) Geheimes Staatsarchiv Preußischer Kulturbesitz Berlin (früher: Deutsches Zentralarchiv, Hist. Abt. II Merseburg): Rep. 2.2.1, Band 219.
(225) Denkschrift über die Ausführung des Reichstagsgebäudes, Reichstags-Drucksache Nr. 178, 15. Dezember 1890.
(226) RTSP, Sitzung vom 7. Februar 1891.
(227) RTSP, Sitzung vom 1. März 1899.
(228) Baugilde, 10. Januar 1933.
(229) Die Weltbühne, 22. Februar 1927.

Personenregister

Bildnachweis

Der Bildnachweis verzeichnet alle Bildvorlagen; die Urheberrechte liegen bei den jeweiligen Archiven und Fotografen:

Archiv für Kunst und Geschichte: 14, 90 (Hindenburg), 120 (Scheidemann)
bildarchiv preussischer kulturbesitz: 6, 44, 65, 78, 85 (Räte tagen), 86 (3), 87, 88, 90 (Hitler), 101 (Berliner vor dem Reichstag)
Berlin und seine Bauten: 1896, Teil II: 17
Privatbesitz Cullen: 25, 26/27, 35, 36, 38, 46/47, 49, 50, 69
DPD Bratke: 101
dpa: 107
Paul Glaser: 112
Keystone: 98
Kindermann Bilderdienst: 103
Landesarchiv Berlin: Innenklappe
Landesbildstelle Berlin: 9, 23, 24, 33, 96 (2), 100, 106 (Korrektur der Mauer hinter dem Reichstag)
Märkisches Museum: Umschlag, 20, 70, 76
Mrotzkowski-Pressefoto: 109
Das Reichstagsgebäude in Berlin von Paul Wallot. Leipzig 1897/1913: 39, 40, 41, 42, 51, 53, 55, 56, 57, 58, 59, 60/61, 62, 63, 64, 66/67, 80
Süddeutscher Verlag Bilderdienst: 17, 72, 75, 85
Tagesspiegel-Archiv: Innenklappe 11, 102, 104, 106 (2)
Ullstein: 82, 83, 91, 93, 94, 105, 108
Ehrenfried Wohlgezogen: 8

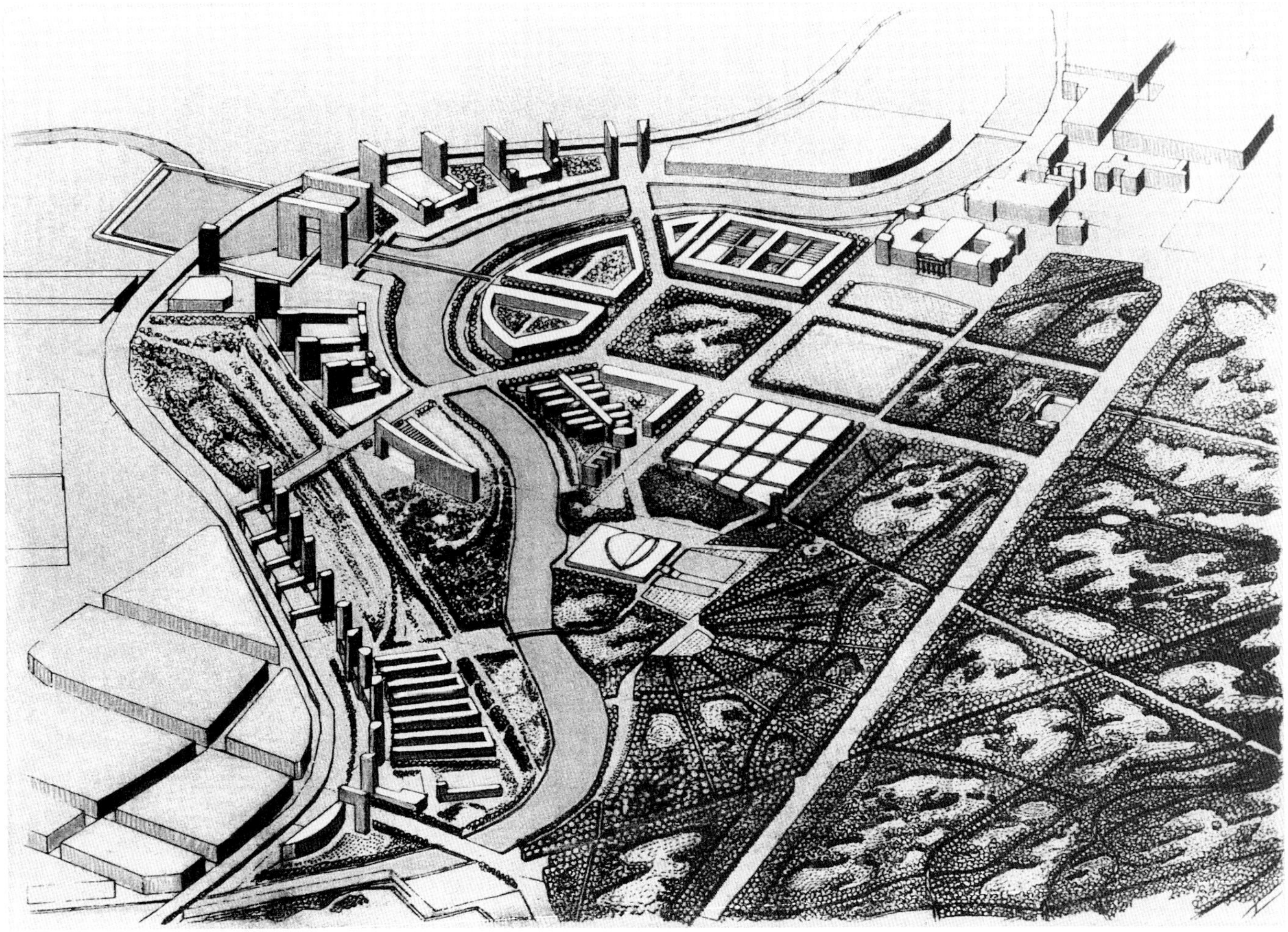

Ein städtebaulicher Entwurf für das künftige Regierungsviertel (1991)